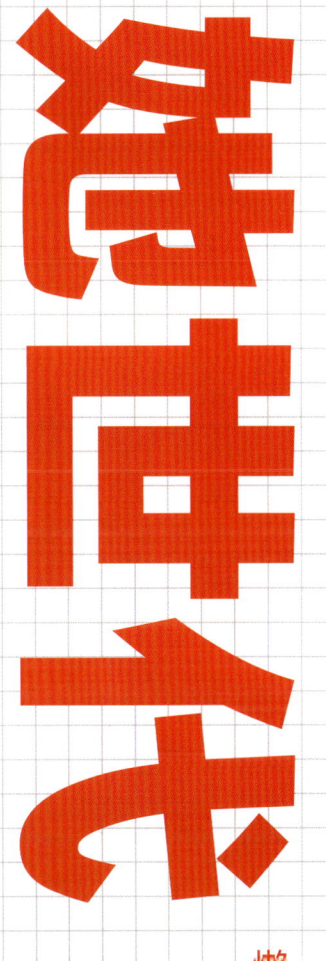

Girls United .01
女足浪潮

懒熊体育 编

北京时代华文书局

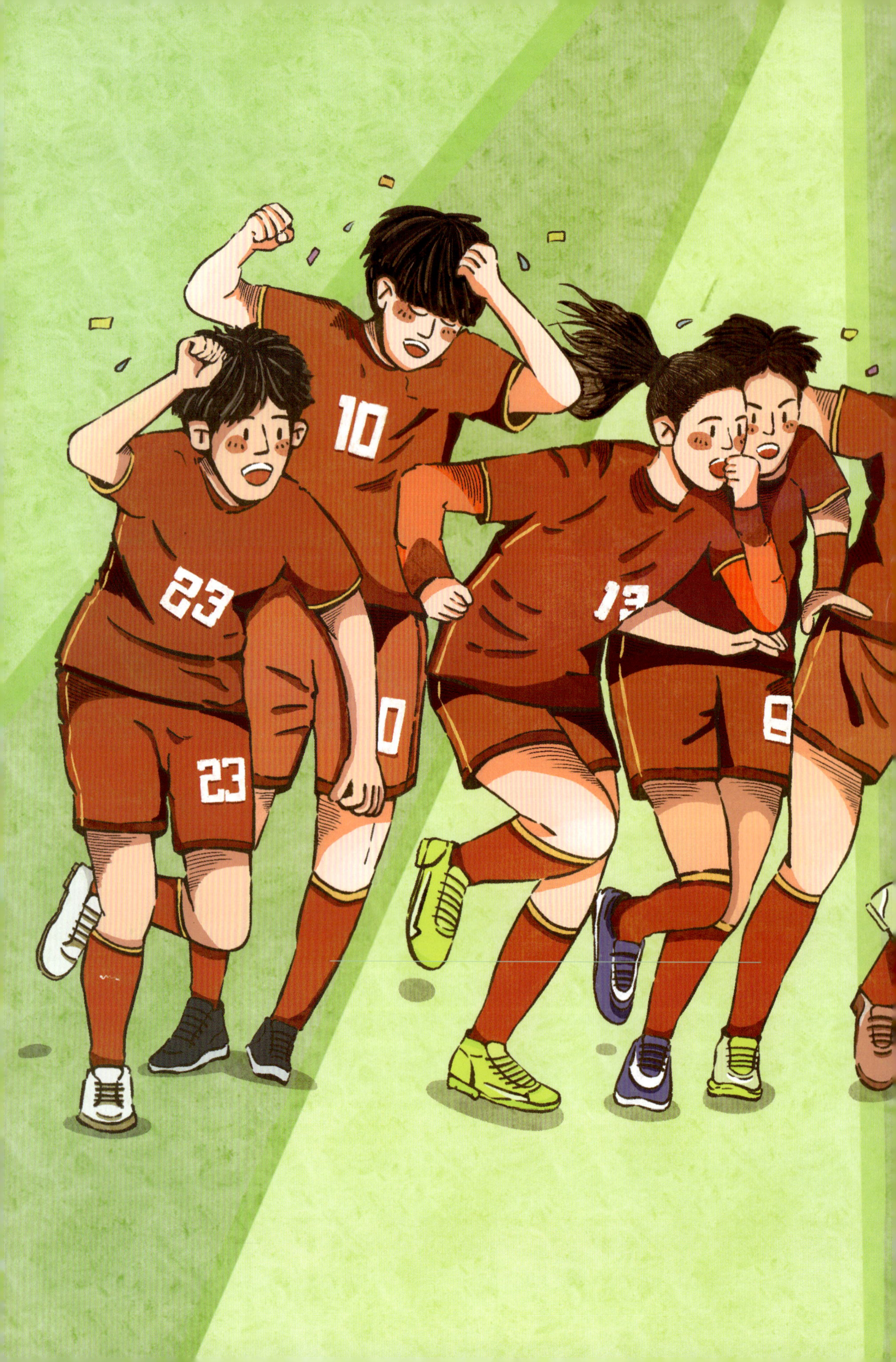

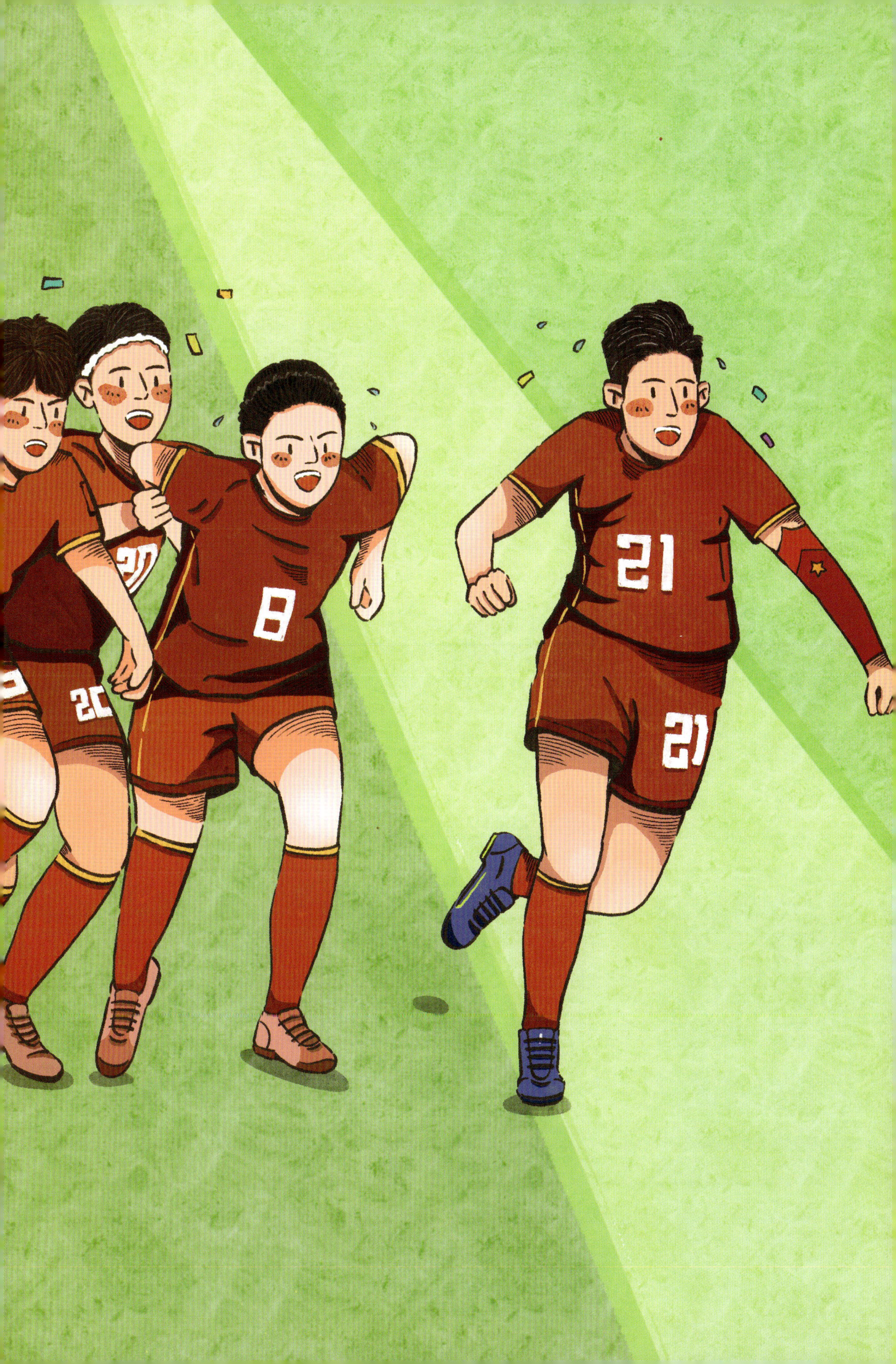

时代新榜样

为什么是这支中国女足重回巅峰？

作 者 /
付茸
翻滚坚果主理人

过去很长一段时间，"中国女足"更像一个集合名词，是一个模糊的整体，她们有时因为成绩亮眼被人们看到，但更多时候则是出于相反的原因。

2022年初她们再次上了"头条"。

在印度夺得这个亚洲杯冠军，是中国女足时隔16年再次捧杯。也可以说，这是中国足球在移动互联网和数字媒体时代的第一个大赛冠军。

由此带来的影响力也是空前的。官方媒体、大众媒体、自媒体甚至是时尚媒体，从未对女足投入如此高的热情，王霜、王珊珊、唐佳丽、张琳艳、朱钰……人们叫得上名字的女足球员越来越多，社交媒体上的讨论更是从方方面面延展开来——"黄健翔哭了"这个词条被浏览了3.6亿次。除此之外，有人热心科普老一代女足，讨论度更高的则是关于男女球员薪资待遇和发展现状的话题。

值得高兴的是，她们让更多女性对足球产生了兴趣。有网友说，亚洲杯最后那两场逆转的比赛，就是最好的女性力量教育。

冠军和偶像带来的影响力也许会在更长远的未来浮现。还记得王霜远赴巴黎踢球时，随身带着李娜的自传《独自上场》，可以想见在语言不通的陌生国度，来自中国运动员同行的亲身讲述，是如何安慰和激励了她。有趣的是，在我们这次采访的球员中，王珊珊也视李娜为榜样。

在李娜退役8年后的今天，中国体坛太需要下一代顶级体育明星了。国家需要，运动员需要，我们每一个个体同样需要。

群星闪耀的"99一代铿锵玫瑰",是很多90后的足球启蒙。我将孙雯的海报贴在我的书桌前,我的座右铭是她代言所说的"坚持就是胜利"。在她们的影响下,我曾无比想尝试足球这条路,却因为父母的极力劝阻而放弃,但她们带来的影响是真实存在的,我至今将体育作为职业发展的方向——成不了职业运动员,却可以用另一种方式来参与和记录体育。

借着这次采访中国足球协会女子足球超级联赛(以下简称女超联赛或女超)队员,我在海口观澜湖足球基地和她们近距离接触了15天,对我来说这是一次难得的经历。每天和她们在电梯间、食堂、训练场相遇,听她们聊比赛、聊护肤品和免税店;因为赛区采用封闭式管理,每天训练结束后,去大门口取大包小包的快递的球员络绎不绝,脸上神情愉悦——女孩子们的快乐都是相通的,这让毕业多年的我有一种回到学生时代的感觉。

她们的世界很单纯,她们对足球很专注,而这些是她们内心如此强大的根源。00后小将张琳艳从不吃垃圾食品;中国女足队长王珊珊曾膝盖受伤休养8周,那段时间她坚持练上肢和腰腹,再归队的时候队友开玩笑说她练成了施瓦辛格;还有她们身上普遍都有的大大小小的伤……央视的《足球之夜》栏目为她们做了一个专题片,名为《每个人都是答案》——这个题目再贴切不过。

为什么是这支中国女足?是的,每个人都是答案。如今运动员的养成模式与二十年前的体育工作队(以下简称体工队)模式已经大为不同,她们每个人的成长路径也各不相同。比如唐佳丽、张馨、赵丽娜,均出自女足名校上海普陀青少年足球学校;张琳艳出自恒大足球学校;体教融合探索得较好的江苏青训,则为国家队输送了吴澄舒、李梦雯等6名球员。

让我有些意外的是,即便是95后乃至00后的女足球员,主动选择足球的仍是少数,大多仍是由于她们从小就展现出极佳的运动天赋,比如跑得快、跳得远,被挑选苗子的女足教练看到,从而走上足球这条路。

我相信再过若干年,会有小女孩说:"我是看了2022年中国女足的比赛,喜欢上了足球,所以选择这项运动。"

社交媒体为追踪球员们的动态提供了一个非常直接的渠道。我更为好奇的是,屏幕之外,她们具体的、活生生的每一个人是什么样的——她们要面对哪些难题?她们做出了什么样的选择?她们的内心有哪些坚持?她们如何看待自己与世界?

我想这些故事不应该隐藏在"中国女足"这个集合名词之下,她们值得被看到、被讲述、被记住。

CONTENTS

目录

特写

- 05　女帅水庆霞
- 13　陈婉婷：少有人走的路
- 21　王珊珊：低调无比的关键女士
- 27　唐佳丽：梦想总会实现
- 37　张琳艳：短刀出鞘
- 43　赵丽娜：球场之外
- 53　沈梦雨：外面的世界

专栏

- 61　"女足记者钉子户"的三个私藏故事
- 67　我们的球队需要球星
- 77　还是得去现场看球

变革

- 85　女子足球的新纪录——91,648
- 93　赛场之外，女足的同工同酬之战

场外

- 99　一个美国作家的中国女足执念
- 111　洪南丽：按下快门，40多年就过去了
- 117　解说员吴桐：哪怕遥远，先去做吧

生活方式

- 123　北大女足：从入门到疯狂
- 133　从流浪式踢球，到爆火的业余女足生态
- 140　我的球衣穿搭公式

后记

- 146　郑重文字中的女足存在

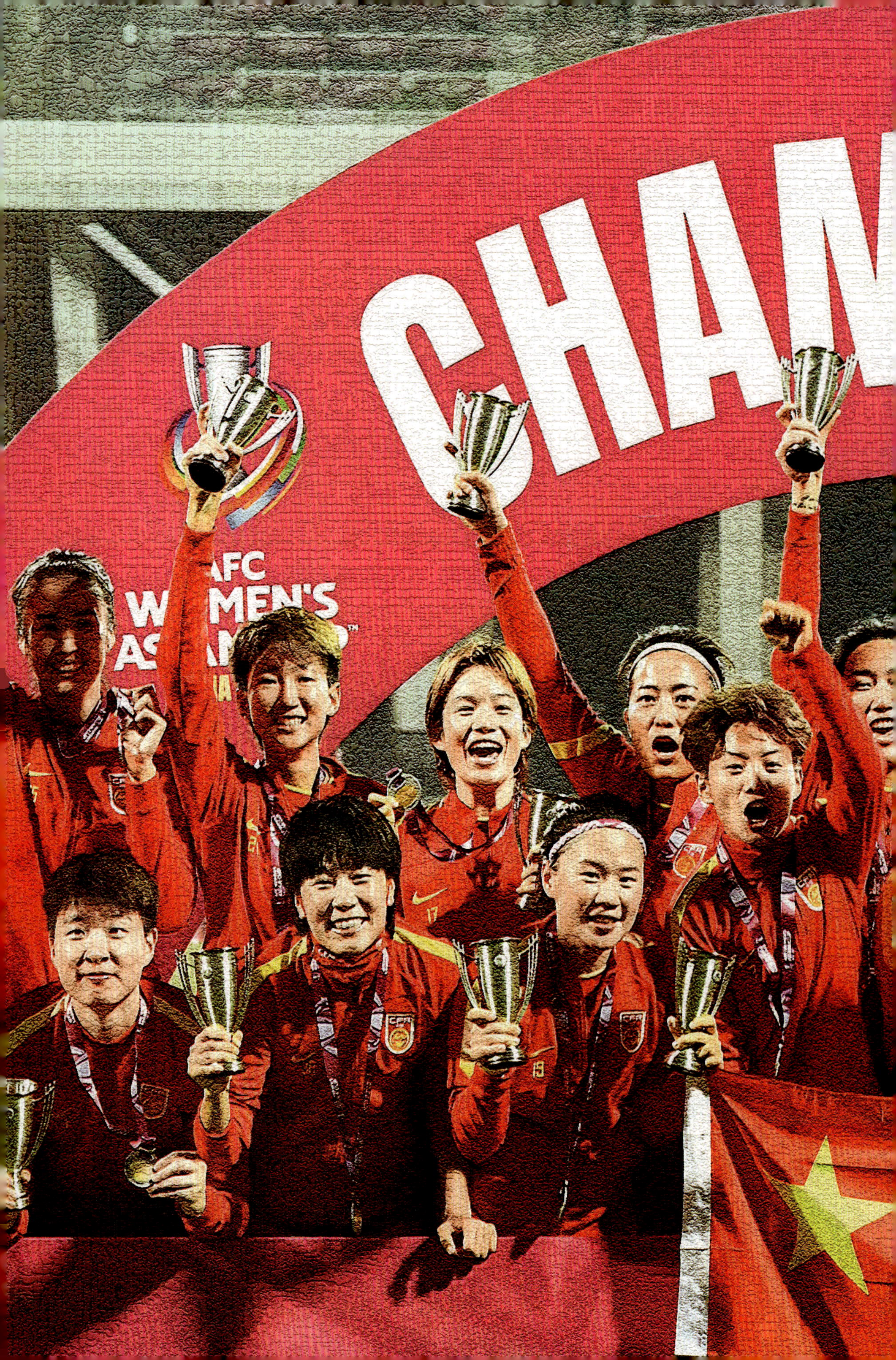
CHAM
AFC

PIONS

AFC WOMEN'S ASIAN CUP INDIA 20

2022年女足亚洲杯
比赛瞬间

特 写

2022年女足亚洲杯
比 赛 瞬 间

特 写

女足・她世代

特写

女帅水庆霞

**成为中国女足主帅是她最大的梦想。
从运动员到教练,她将人生最美好的时间全部献给了足球。**

作 者 /
付茸
翻滚坚果主理人

插 画 /
mr51st

海南的夏天早早到来。

4月上旬,下午两点的气温逼近30摄氏度,2022赛季中国足球协会(以下简称足协)女子足球超级联赛正在海口观澜湖足球基地进行。

从基地运动员公寓的十楼望下去,能以一个极佳的视角俯瞰几块足球场地,到了比赛日下午,中国女足主教练水庆霞通常会出现在这里的阳台看比赛。

足球基地闭环管理,我带着采访女足球员的任务来到这里,能够遇到水庆霞,对我来说当然是意外之喜。

我上前做了自我介绍,向她提出采访请求。她有些犹豫,觉得当下正是女超联赛进行的阶段,希望大家将注意力放在联赛上。我听出了她婉拒的意思。

中国女足亚洲杯夺冠以来,各方媒体对女足表现出巨大的兴趣,听说中国足协曾在几天内收到100多份对中国女足和水庆霞的采访提纲。回国隔离的那段时间,水庆霞接受了央视不同频道的连线采访。《时尚芭莎》《嘉人》等杂志也纷纷发出邀请,将杂志封面留给这位中国女足主教练。水庆霞告诉我,这是她第一次尝试时尚杂志的拍摄,对她来说是很新鲜的经历。

关于这支中国女足,大家有太多的好奇和疑惑。

作为中国女足第一位本土女帅,水庆霞上任只有短短三个月,就为我们带回了这个阔别16年的亚洲冠军。联想到半年前,贾秀全率领的中国女足败走东京,女足新帅竞聘流言不断。一位"老女足"的到来,改造了什么、带来了

05

什么，众多解读伴随着这个冠军铺天盖地而来。

我同样有很多好奇，跟中国足协的媒体负责人沟通数次，通过朋友和懒熊体育的同事多方联系，希望能够采访水庆霞，但大多请求都有去无回。

五轮比赛后，女超联赛第一阶段落下帷幕，我也计划离开赛区。我再次在一场比赛的中场时间来到她的"专属看台"，试图做最后的争取。

她一个人在会议室，正翻看着比赛秩序册。

"水指导。"

她认出了我，问："你想做什么呀？"

我又介绍了一遍此次的来意，以及一定要采访她的意图，并表示这是我在赛区的最后一天。

"你之后不来了吗？"她问。

"是啊，我明天就回北京了。"

也许是不堪我扰，但十有八九还是她心软了。这一次，她终于没有再拒绝。

"现在采访吧，不然你白跑这一趟。"

因为热爱

亚洲杯结束后，水庆霞基本没有怎么休息。在苏州隔离了21天后，她便马不停蹄地参加活动、接受约访。短暂的休整之后，3月10日，她前往昆明海埂足球基地观看女足锦标赛，接着又直接飞到海南，观察球员们在女超联赛的表现。

她已经以教练员的身份与女足打了20多年的交道。

2001年全运会后，36岁的水庆霞宣布退役。她先后在上海市体育运动学校（以下简称少体校）、中国女足国家青年队（以下简称国青队）、上海青年女足担任助教、主教练，直至2014年出任上海女足主教练，一干就是七年多。

球员时代的水庆霞，先后有过两次留洋日本的经历。她发现，当年国内的女足运动员更多是

1996年奥运会，美国亚特兰大，佐治亚州桑福德体育场，女足半决赛，中国队3∶2巴西队，中国队首发球员合影留念，后排右一为当时的水庆霞。

被填鸭式地灌输一些理念，但是日本的教练更注重激发球员的自驱力和自我意志。她主动去吸收对方在教学方式上的长处，记了很多笔记。

这些从小积累的笔记，原本放在水庆霞任职少体校时所住的宿舍。但因为她被借调到一线队，长期不在宿舍，又有其他教练急着想住进去，没有经过她的同意就把它们扔掉了。"我当时很生气，他说赔钱给我，但这根本不是钱的事……"这件事至今仍让她耿耿于怀。

"铿锵玫瑰"那个年代，退役后转型做教练的球员很少。与其说是个人不愿意当教练，倒不如说是对这件事缺乏认知，也缺乏机会和路径，因为当时没人觉得女性能胜任主教练这个岗位。

水庆霞对自己喜欢的东西"很钻"，运动员时期，她就积极参加亚洲足球联合会（以下简称亚足联）和中国足协组织的教练员培训，自己也会看一些与技战术相关的书籍。也许是从小受虹口区体校教练的影响，她觉得当教练很伟大，可以帮助别人。

能耐得住寂寞做女足青训，一定是发自内心地喜欢足球这项运动。从事这份事业要付出很多，几乎要投入一个人数十年的时间，还不见得能看到回报，因为常常要面对失败和挫败感。

在基层做了16年女足教练的苏州体校副校长王建军，曾这样对我描述基层教练的生活：待遇低，加上常年参加各级各类比赛，一年至少三四个月在外面，对家人来说，"钱也见不着，人也见不着"。

从足球记者马德兴的专栏《甘于隐忍基层，20年只干一件事——水庆霞的成功启示录》，也可以一窥女足一线教练的现状：

在现在的女足一线队教练员中，大多数教练都是半路出家，是在男足队伍中找不到工作的情况下被迫选择了执教女足。而在其中，愿意执教女足且能沉下心来踏踏实实工作的，水庆霞以及王军是两位代表性人物。在这种情况下，愿意干女足教练与被迫离开男足、拿起女足教鞭是两种截然不同的态度，也就决定了完全不同的结果，特别是女足的关注度甚低、待遇也远无法与男足相比。

"女运动员退役后大多要成家的，比如说你有一个小孩，你可能就无法更多地兼顾球队。当教练也许是很辛苦，但是任何行当都要付出很多东西，每个人的选择不一样。"水庆霞说。

通过央视前主持人郎永淳与水庆霞的对话，我才得知，退役之后，水庆霞衡量来衡量去，决定不要小孩，"不要可能比要好……现在有时候我会想，如果我要个小孩的话，我小孩也要二十几岁了……"

对她来说，球员就是她的孩子。唐佳丽这一批球员是她从小带到大的，已经有12年之久，这些球员跟她待在一起的时间，可能比家人还多。

有一天，上海队刚踢完比赛的一个炎热下午，在女超赛场外，我看见她抱着一盒饮料递给了球员。这个时候的她，不是电视上那个眼神凌厉的教练，只是一个关心着这些女孩的长辈。难怪许多上海队的球员曾在采访中公开叫她"水妈妈"。

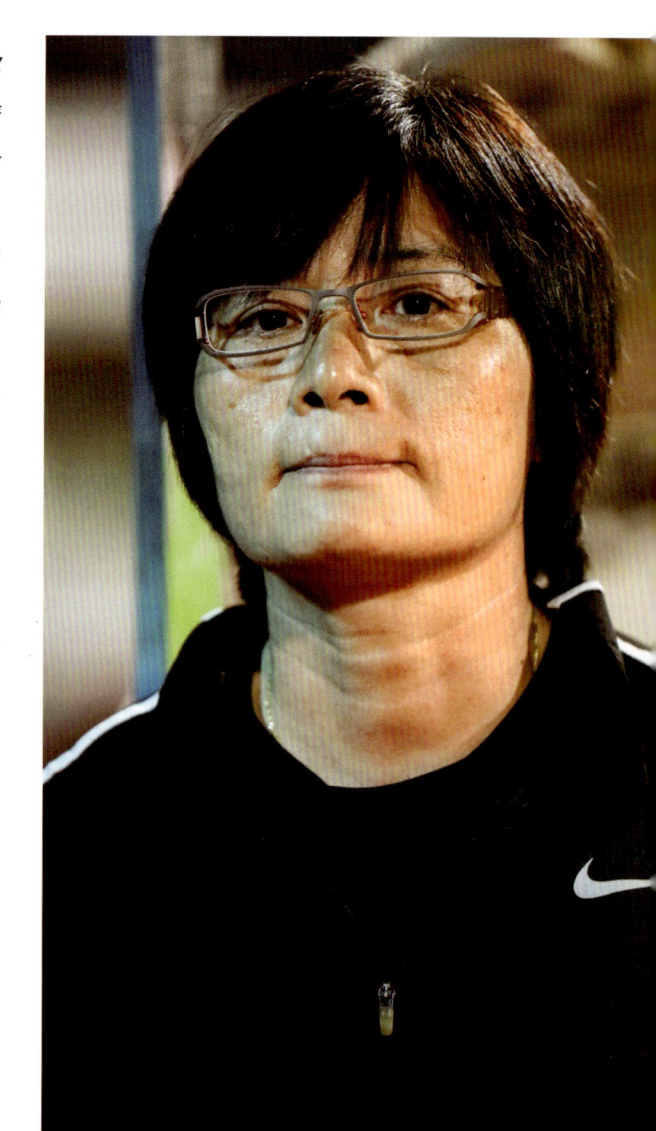

成为主帅

东京奥运会后，贾秀全卸任中国女足主帅。紧接着就是9月的全运会，水庆霞临时上任奥运联合队主帅，率队在全运会夺冠。这一安排被很多人视为水庆霞接手中国女足的信号。然而，就在人们期待这位女足名宿走上帅位时，剧情又出现了转折——中国足协在官网发布了中国女足主帅的竞聘公告。

踌躇满志的水庆霞不是没有过"陪跑"的经历。2017年全运会后，水庆霞第一次进入主帅候选名单，却输给了冰岛人埃约尔松；不到半年时间，埃约尔松仓皇下课，她又在第二次"陪跑"中输给了贾秀全。

这一次她不愿再"陪跑"，干脆退出了竞聘。

事情峰回路转。足协竞聘结束后，不知道什么原因迟迟未宣布任命通知。到了2021年11月18日，也就是亚洲杯开赛前两个月，中国足协突发公告，宣布由水庆霞担任女足主帅，称是"在广泛征求意见的基础上通盘考虑、慎重研究决定的"。

没有参与竞聘的水庆霞，就这样上任了。

从她执教生涯起点的上海市少体校，到如今执教中国女足，从始至终她的心中都有一腔热血，她和足球之间容不下任何其他的东西。

事实证明，没有人比她更适合这个位置。作为1986年首次参加洲际比赛就获得历史性冠军的中国女足一员，水庆霞在那之后的11年中5次捧起亚洲冠军奖杯，从未在亚洲杯比赛中落败。2001年退役以后，在女足领域数十年的执教生涯也让水庆霞有着颇为丰厚的积累。

亚洲杯期间，亚足联在官方网站上写道："历史表明，水庆霞几乎比任何人都更了解如何赢得女足亚洲杯的比赛。"

但是最近10多年来，亚洲和其他地区的女足格局已经发生巨大的变化。水庆霞接手之时，在刚刚出炉的世界排名中，中国女足已滑落至第19，在亚洲位列第5。

这支球队急需从奥运会失利的阴影中走出来。东京奥运会预选赛中，对阵澳大利亚队和韩国队的比赛让水庆霞坚信中国女足有拿下这届亚洲杯冠军的实力。

重返荣耀

上任之后，水庆霞召回了落选东京奥运会的唐佳丽、姜佳慧、李影等人，启用张琳艳、吴澄舒等新面孔。在女超赛场上带队打了这么多年，她无比熟悉这些球员的特点和状态，她很清楚，眼下最重要的是重新找回这些球员的自信心。

"我们很多队员有能力，但是她不敢放开了去踢，怕丢球，怕失误。"水庆霞说，"如果是技术问题，我们再去练技术，如果是体能问题，我们再去练体能。我们也是从运动员过来的，我觉得要更多地去鼓励她们，让她们自信地来执行战术。"

水庆霞喜欢马德里竞技队的主教练迭戈·西蒙尼，也喜欢利物浦队的主教练"渣叔"尤尔根·克洛普，她喜欢他们身上的血性，喜欢看他们接手一支球队后慢慢打造的过程。利物浦俱乐部主席汤姆·维尔纳曾经这样评价主教练克洛普："如果他不是一个如此伟大的教练，他将是一个出色的心理学家。他带出了球员的优点。"

水庆霞也许不会认可自己懂心理学，但她的确懂得如何激励球员。赛前她早早喊出了争冠的目标，在每场比赛前后的新闻发布会上，面对媒体和公众，她一直给予球员鼓励和肯定。

最淋漓尽致的一个例子是，半决赛对阵强敌日本队之前，教练团队为球员们通宵制作了一部短片。水庆霞的考虑是，现在的孩子毕竟是看图片和视频长大的，不像他们这一代人小时候是看文字长大的，图像和音乐的刺激对球员可能会更有说服力。

当时他们提出两个想法，一个是西班牙斗牛士的短片，还有一个是《八佰》这部影片。斗牛的文化背景毕竟和中国不同，他们最后选择了那部抗日战争题材的影片。教练团队将每个球员的镜头剪辑出来，球员摔倒了，马上又站起来回抢；又将《八佰》的场景穿插剪辑在其中，一个战士倒下去，另外一个战士站起来继续战斗。

"日本队比我们的实力强很多，我希望她们尽自己的能力去做好，不要后悔。也许会失败，失败之后再去找差距，赢了那就是付出之后应该得到的结果。"水庆霞想向队员们传递这样的信号，拼尽全力去踢，责任她来负。

赛前吃完午饭，还有一两个小时的休息时间，教练团队花了大概10分钟的时间为队员播放这部短片。队员们的情绪被调动了上来，看完大家都挺激动的。后来那场比赛，我们也都看到了。中国女足战满120分钟，在点球大战中击败日本队，挺进决赛。

当球员的时候，水庆霞对自己的要求极为严格。她17岁才从田径转到足球，努力和勤奋是支撑她前进的信条。1993年留洋日本时，她在一场比赛中右腿胫骨骨折，腿里埋了一块30厘米长的钢板。伤愈后，她本应把钢板取出来，可一个赛事接着一个赛事，她咬牙扛下了一场场比赛，直到7年之后她才取出了那块钢板。

当教练之后，她的"凶"和"严"让球员们印象深刻，而且她对期待越高的球员往往越严厉。

亚洲杯决赛对阵韩国队，球队技术指导在做上半场数据分析时发现，两员大将王霜和唐佳丽在反抢和防守参与上不是很积极。"你们能不能行，不行就下。"中场休息时，水庆霞没能忍住她的急脾气，对她们说了有些"刺激"的话。

接受央视采访时讲起这一幕，水庆霞有些哽咽。球员们看在眼里，也很心疼。"我比较了解水导，如果真是不好的话，她还是会把你换下去，但是她当时更多的是希望我们做出改变。"唐佳丽告诉我。

下半场，水庆霞做好了可能要再战120分钟的准备，没有亮出全部底牌。张琳艳和肖裕仪两个人的上场却产生了奇效。在半场0：2落后的情况下，张琳艳不仅成功制造点球，更是在比赛第71分钟头球破门，扳平比分。肖裕仪则在第93分钟伤停补时阶段打入制胜一球，帮助中国女足以3：2锁定胜局。这不仅体现了水庆霞的临场指挥能力，更反映出她对目前中国女足球员的了解程度。

也许正值中国春节期间，也许恰好有"倒霉"的中国男足作为"背景板"，中国女足这次亚洲杯夺冠，在社交媒体上引发了空前的关注和讨论。水庆霞从印度回国后才知道蹲守在电视机前的球迷们有多么激动。

网友们连她很多年不用的微博账号都翻了出来，其中2013年发布的一条微博被转发了两千多次。"大家是不是看到我骂街了？"她问。

该爱的就爱，该恨的就恨，当时发那些微博，确实是她彼时真实的情绪，不过，"现在作为国家队主教练，毕竟是在代表国家，过去的那些发言还是删掉比较好"。她记不起当年的微博账号了，找了很久，后来想办法注销了。

连日的比赛和舟车劳顿让她看起来憔悴了不少。她常年一身运动装、一头短发，发型很多年没怎么变过，最近几年在年轻球员的影响下喜欢上美甲。

除此之外，她的生活只有足球，甚至连睡觉都会想着足球。有时比赛之前突然想到什么问题，她一下就醒了，尤其是当上国家队主教练后，伴随的压力更大了。

很多年前，她曾有过心灰意冷的时候，因为百分百的付出得不到回报。但静下心来想，既然选择了足球这份事业，还是要一如既往地付出，只是自己的承受能力慢慢提高了。

她深知外界对她的期望会越来越高。没有一个教练能做到常胜，如果媒体和球迷因此说了什么过激的话，她也能够理解。

成为中国女足主帅是她最大的梦想。从运动员到教练，她将人生最美好的时间全部献给了足球。

她觉得这谈不上什么伟大："每个教练员都会这么去做，只是我付出的可能更多一些。"

女足・她世代

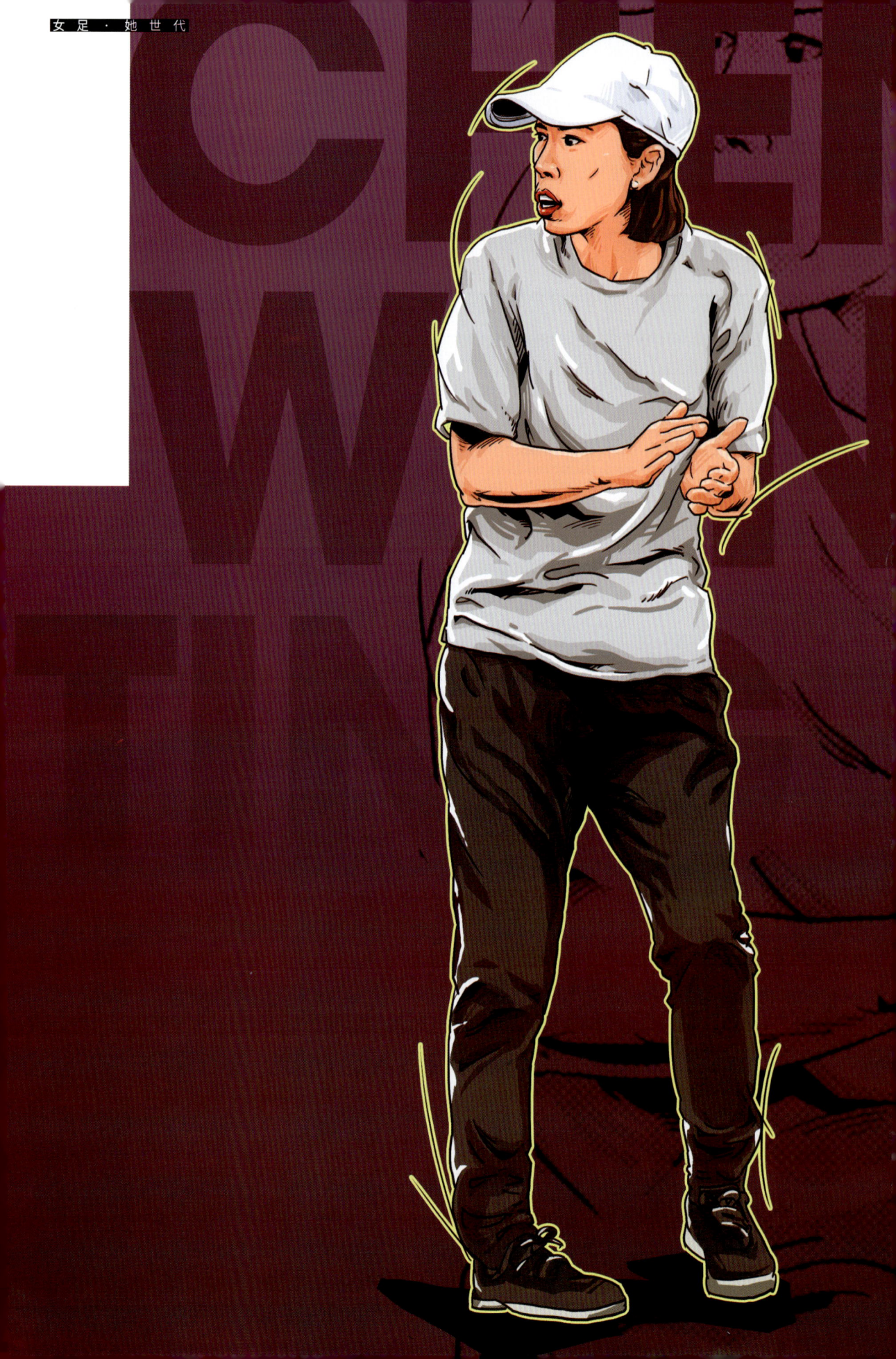

陈婉婷：少有人走的路

成为教练，需要一点点运气，需要很多很多热爱和努力。

作 者 /
付茸
翻滚坚果主理人

插 画 /
孙岳

陈婉婷个子很小，人也瘦瘦的，如果不是在球场边看到她，你大概率不会将她与足球联系到一起。

球员说她"像姐姐一样"，与她们很亲近。这不单单是因为年龄，更多时候还是因为她的笑容，让一个刚刚接触她的人也能很快放下防备。如果球员愿意讲心事，那她再开心不过。

但站在球场上的她，爆发出来的能量是巨大的。你远远地就能听到她用辨识度极高的"港普"在场边指挥调度，这种喊话甚至能透过信号传到电视机前的观众那里。

2022年3月刚上任女超球队江苏无锡女足主教练，她就带领这支新老交替、主力球员出走、平均年龄仅为21岁的年轻球队，在前两阶段比赛打出6胜1平1负的成绩，排名积分榜第二。

对于这份"半程成绩单"她很满意，但她首先感谢球员以高超的执行力踢出了她想要的足球风格。高位逼抢、持续压迫、疯狂跑动，江苏女足的青春风暴成了这个赛季女超赛场上让人眼前一亮的风景。

赛季之初，陈婉婷曾对我说，作为主教练，她责无旁贷，如果执教成绩不理想，她同样会面对"下课"的压力。训练和比赛之余，她每天要看比赛录像到深夜，睡觉时间都不够。她仍在时刻提醒自己和球队："不能有安逸的心态，越安全就是越危险。"

不解之缘

陈婉婷出身于香港一个普通的工薪家庭。她的父亲从事物流运输相关工作,母亲在家里照顾奶奶,家庭条件并不算多好,房子很小,平时也不是想吃什么就买什么。

她有一个哥哥,和陈婉婷是两个极端,她小时候拿奖学金,哥哥却最讨厌读书。家人自然将希望都寄托在了女儿身上。

因为喜欢大卫·贝克汉姆,这个功课特别好的女孩喜欢上了足球。为了踢球,她还偷偷伪造了母亲的签名,在暑假期间加入了沙田的一家俱乐部。

考上香港中文大学地理及资源管理系之后,她彻底放飞自我,天天去踢球,同时也开始当教练教小朋友踢球,靠这份工作还助学贷款。一个偶然的机会,天水围飞马队主教练想找一个年轻人做一些电脑相关的工作,比如视频剪辑、数据分析,还有资料整合。他找到陈婉婷,问她毕业后是否愿意做,陈婉婷一口应下这份工作。幸运从天而降,喜欢的事情就此变成职业。

但家人对此却是极力反对。本来家里也不是很支持她踢球,但以前陈婉婷学习好,家里也就觉得无所谓,毕业之后居然突然说要做足球相关的工作,这可就不同了。

这份工作一个月工资只有 6,000 元,大概是同学的 1/3 或 1/4,她还要还 20 多万元的助学贷款。加上香港足球的发展一直非常不稳定,俱乐部工资不高,还常常有资本撤资、球队解散的风险。

做了一年,父亲觉得是不是可以去找一份"真正的工作"了。但陈婉婷每一年都说想再多做一年,家人常常为此吵架。

到了第三年,陈婉婷渐渐地对职业足球有了认知,现代足球特别讲究科学、医学以及数据分析,她对这些产生了兴趣,2013 年就上完了足球教练 A 级班的课程,同年还完成了运动医学的硕士课程。

她慢慢觉得,自己除了做一些数据分析和行政工作,是不是也可以往教练这个方向努力?

这个时候,她所在的飞马队却传来解散的消息。在香港超级足球联赛(以下简称港超)打拼的几年,陈婉婷遭遇了三次球队解散,老板说不玩儿就不玩儿。"花了很多时间,花了很多青春在工作上,到后来连工作的机会都没有,当时我想了好几次要不要放弃。"陈婉婷说。

也许是和足球的缘分未尽,她下定决心要找一个稳定点儿的工作,但一个新的机会又找上了她——时任香港东方队的主教练杨正光邀请她加盟,担任助理教练。她的人生再次发生变化。

2015 年 12 月,杨正光前往中甲梅州客家队出任助教,东方队的主教练一职出现空缺。几天之后,教练组中唯一拥有亚足联 A 级教练员证书的陈婉婷突然被任命为新主帅。

"一开始我对成为主教练感到懊恼,我很害怕,我不认为我有资格领导香港的顶级球队之一。我缺乏经验,但俱乐部、员工和老板一直鼓励我、支持我。"陈婉婷曾在接受ESPN(娱乐与体育电视网)采访时说,"一两天后,我感觉好多了,但还是很紧张。"

随后的胜利给了她信心。东方队一路高歌猛进,到了赛季末,已经21年没有获得香港联赛冠军的东方队登顶,27岁的陈婉婷成为第一位带领男子球队获得顶级联赛冠军的女性教练。在2016年底的亚足联颁奖庆典上,她还获得了亚洲年度最佳女教练的荣誉。

女子足球队常见男性教练,女教练却常被排除在男子足球之外。法国二级联赛球队克莱蒙曾在2014年任命海伦娜·科斯塔为主教练,但她只坚持49天就辞职了。她说球队对她缺乏尊重,关键的决定都是在她背后做出的。

陈婉婷意识到自己也许可以成为一个很好的榜样,许多女教练会因为她的成功而大为振奋。她告诉《卫报》:"人们告诉我,我的故事是积极的,鼓励球迷追逐梦想、不要放弃,媒体可以帮助我传播这一信息。"

与此同时,家人对待足球的态度也改变了。他们发现女儿工作很累,工作时间很长,工资也不高,但却很开心。他们开始去现场看女儿执教的比赛,看到现场很热闹,很多人支持这支球队,就慢慢改变了自己的想法。

失败中重建

摘得港超冠军荣誉后,东方队获得亚足联冠军联赛(以下简称亚冠)席位。亚冠赛场强手如云,东方队要面对的第一个对手就是鼎盛期的广州恒大队。陈婉婷没有打亚洲比赛的经验,压力很大,球员的压力同样很大。实力差距比想象的要大得多,东方队的第一场亚冠比赛"苦吞"七球落败。

至今回想起来,陈婉婷都觉得那是她遭遇的最刻骨铭心的失败。

但人需要经历这些才会成长。球员有时会问她:"为什么之前有时候你很凶,现在如果球队踢得不好,或者我们犯错了,你却不再很生气?"

她这样回答:"是因为我以前经历过太多的失败,我知道怎样面对失败,我也经历过很多很困难的、让我想哭的时刻,但这些都已经过去了,我现在抵抗困难的能力比以前好了。"

面对网上嘈杂的声音,陈婉婷也渐渐有了自己的应对方式。她会先过滤掉不好的声音,如果别人的意见有可取之处,她也会接受——作为主教练,要做的不是跟人家吵架,而是用球队的成绩来回应质疑。

在香港球队有了一定的经验积累后,陈婉婷一直在寻找突破自己上限的机会。

2013 年在马来西亚吉隆坡学习亚足联 A 级教练培训课程时，陈婉婷认识了孙雯，两人有过深度交流。2019 年，陈婉婷卸任东方队主教练，计划休息一段时间。时任女足青训部部长的孙雯得知之后，问她有没有兴趣来内地发展，当时 U16 女足需要合适的助教。陈婉婷立马答应了，这是她第一次离开香港工作，她非常珍惜这个难得的机会。

后来因为主教练离任，陈婉婷用扎实的表现"转正"，孙雯还给队伍配备了两个得力助手：女足名宿刘英和前国脚娄晓旭。

后来陈婉婷被更多国内球迷牢牢记住，正是通过在那届亚洲 16 岁以下女子足球锦标赛（以下简称亚少赛）上的一段讲话。

当时中国队小组赛 2 胜 1 负，顺利出线。半决赛对阵日本队，胜败事关 U16 女足能否进军第二年的 U17 世青赛。最终，中国队下半时连丢两球无缘决赛，也失去了晋级世界杯的机会。

终场哨响，女足姑娘们纷纷失声痛哭。陈婉婷上前拥抱、安慰队员，指挥队伍围成一圈，她告诉大家："尽力了就没有问题，我们做得很好，足球的一部分就是这样，还有很长很长的路等着你们，我为你们每一个人的表现感动、骄傲。十五六岁要学会面对失败，下一届世界杯在等你们。"

后来她在社交媒体上写道：

> 在我心目中，她们已经尽力做好，做到我赛前的要求：全力以赴，回首无憾。15 岁的我还有些呆头呆脑，而 15 岁的她们其实已经很好，又怎能要求零犯错呢？错的永远不是球员。这个旅程即将结束，孩子们，我希望大家将来能得到更适合的发展、教育和学习环境，学会面对失败，学习自主思考，为新目标努力，争取自己想要的，我也希望能有机会给予你们更多的爱，后会有期。

与 15 岁的自己对比，陈婉婷觉得这群女孩更厉害。"她们十几岁就把人生交给了足球，你可以想象她们的牺牲有多大吗？"

我们习惯了主教练严肃的一面、面对镜头滴水不漏的一面，但是却很少看到教练的这一面——她爱球员，也心疼球员，她自己要从失败中重建，也要教会球员面对失败。

在热爱中前行

国内绝大多数教练由球员转型而来，从这个角度来说，陈婉婷的成长路径称得上独一无二——从香港中文大学一个与运动毫无关系的专业毕业，一毕业就得到了职业球队的工作机会，擅长做数据统计和战术分析，为了在这个领域深耕读了运动医学硕士，还早早考取了亚足联 A 级教练资格证。

得到一个入行的机会也许需要一点点运气，但要往上走，更多还是要靠热爱、钻研和自驱力。

2021 年 10 月，中国足协发布中国女足主教练的竞聘通知，给了陈婉婷一个机会去面试。

"其实中国女足主教练这个职位对我来说有些遥远。因为在我的心目中，这份工作太伟大了。坦白说，就我目前的能力而言，我离这个职位还是有一定距离。"她在接受《南方都市报》采访时说。虽然落选，但她将面试视为学习的机会，享受面试的过程和获取面试的经验。

2022 年春节期间，陈婉婷与江苏女足一拍即合，担任这支女超球队的主教练。从香港来到上海，她在隔离结束后直接飞到昆明和队伍会合。隔离期间，陈婉婷把江苏女足这一两年的比赛都看完了，为了记住这些球员，她甚至把队员们的照片打印出来，贴在酒店房间的墙上。见到球员之后，很多队员很好奇：这个新教练怎么这么快就把人认全了？陈婉婷笑道：因为每天晚上我都看着你们睡觉。

陈婉婷带过男足，也带过女足。男足球员好胜心强，也更加自信，处理"谁首发、谁替补"是一个有些麻烦的问题，因为每一个人都觉得自己肯定是首发。"你要让他完完全全理解你的想法。我为什么很喜欢用数据及视频，因为我把数据给他看，他就会理解为什么他是替补、别人是首发。"相对来说，女足在管理上比较简单，但女性有时候会更敏感，包括生理期对身体和情绪的影响，失败了也需要比较多的时间去重新站起来。"所以需要给女足姑娘更多的鼓励，让她们增强克服困难的能力。"她说。

联赛中段的休赛期，队里给球员们放了三周假。难得的休息时间，陈婉婷回不去香港，决定在南京周边探索探索。

闲暇时间，陈婉婷会定期给一家香港网站写专栏，写写她所看到的和经历的足球生活。她不掩饰自己的野心，她还有很多想做的事情，但也要看时间、看缘分。她说，上天会帮我们安排好命运。

2015—2016赛季，陈婉婷带领香港东方队获得港超冠军，
27岁的陈婉婷成为世界足坛第一位带领男子球队获得顶级联赛冠军的女性教练。

特寫

女足·她世代

王珊珊：低调无比的关键女士

赛场下的她总躲在角落，赛场上的她总是出现在最该出现的时刻。

作者 /
付茸
翻滚坚果主理人

插画 /
孙岳

对手知道王珊珊的恐怖之处。

2022年亚洲杯半决赛，中国队对阵日本队，临危受命改打后卫的王珊珊贡献10次解围，并在加时赛阶段打回前锋，在第118分钟用一粒绝平进球将中国女足从绝望边缘拉了回来。

决赛对阵韩国队的下半场，王珊珊从后防线推进至锋线，作为支点前锋，王珊珊的速度、对抗、争顶能力，给韩国队的后防线造成巨大压力。第94分钟肖裕仪的绝杀进球，助攻正是来自王珊珊。

在回忆与韩国队的这场比赛时，王珊珊眼神坚定："韩国队还是挺害怕我的。因为我跟韩国队踢了那么多场，她们挺害怕速度快的。"

本届亚洲杯赛后的数据显示，王珊珊作为中国女足队长出场5次，出场时间长达418分钟，进球5粒、助攻2次、抢断4次。而在后防线上，她成功解围12次、封堵2次、拦截5次。比赛结束后，有网友在社交媒体上留言："半决赛第118分钟绝平，点球绝杀，决赛第94分钟送出绝杀助攻。什么叫中国队长！"

赛场上的王珊珊前后场飞奔，总是能出现在最该出现的时刻；赛场下的王珊珊却低调无比。

很多队友喜欢拍短视频、发"vlog"（视频博客），她基本不怎么出镜，而是更喜欢在自己的世界里待着。她2016年开始用微博，到现在总共才发了50多条。王珊珊的父亲王瑞金在接受《新京报》采访时说，女儿"太内敛了"，"如果你想在人堆里找到她，就到角落里找，一找一个准，她肯定就在那里"。

女足·她世代

特 写

2022年亚洲杯赛场上的王珊珊。

王珊珊走上足球这条路纯属偶然。就读洛阳东升第三小学的时候，她被学校排球队教练耿宏杰招进队里。这个小女生身体素质好，而且在场上有一股不服输的劲头，但是测完骨龄，数据分析她的身高在排球运动上不会有太大优势。耿宏杰就找到王瑞金，建议让王珊珊试试足球。

看了几次王珊珊在球场上的表现后，王瑞金回复耿宏杰："我们也不太懂，你说珊珊可以，我们就让她去学。"

2003年前后，王瑞金将王珊珊送进洛阳足球学校。2005年，14岁的王珊珊一人奔赴北京，进入东城体校训练。对此，父母的态度依然是尊重王珊珊的决定，只要她喜欢，家人就全力支持。

王珊珊的父母常年做些服装、果蔬生意，家里经济条件不太好。为了实现王珊珊的足球梦，她的父母花去了大部分积蓄。王珊珊也很懂事，上了一队拿到工资后，除了经常给家人买礼物，还攒钱帮弟弟开了一家米粉店。她最大的愿望是给父母在洛阳换个更大点儿的房子，在过去的十来年，他们一家四口都挤在一套60平方米的小房子里。

12岁才开始踢球，王珊珊没有想过在职业运动员这条路上能走多远。升上一队后，她渐渐有了目标和责任——那时候看孙雯、刘爱玲等老女足球员的比赛，她梦想有一天能够代表国家队站上国际赛场的舞台。知道自己要做什么的时候，她慢慢对自己的要求更高了。

2014年，王珊珊在女超联赛中打进38球，荣膺赛季最佳射手。接下来一年的国际赛场上，王珊珊也迎来了小宇宙的爆发。2015年，25岁的王珊珊第一次代表中国女足参加世界杯。1/8决赛对阵喀麦隆队，她攻入全场唯一进球，帮助中国女足顺利晋级八强，这也创下了球队2007年以来的最好成绩。赛后央视给她做了一期专题报道"关键时刻一锤定音，沉默女孩王珊珊"，形容那粒进球就像王珊珊的性格一样，"轻描淡写，低调不张扬"。

当时，一条标题为《女足队员月薪曝光仅3,000元　网友：给铿锵玫瑰涨工资》的新闻引发了球迷们的讨论。报道里王珊珊的父亲说，王珊珊在天津女足二队效力时收入很低，他每周要给女儿寄一部分生活费。2008年，18岁的王珊珊升入天津女足一队后，月薪也只有几千元。

10多年前，情况的确如此。女足待遇一直都比男足差，在接连失去2011年世界杯、2012年奥运会的正赛资格后，中国女足陷入了前所未有的低谷期。

2017年，王珊珊效力了10多年的天津汇森女足因资金问题不堪重负，宣告解散。队里一些老队员选择了退役，27岁的王珊珊不得不另寻出路。

"当时很伤心的，毕竟十几年的感情。但是你没有办法，肯定也要为了自己寻找下一站。"王珊珊说，她们能做的也只是调整好自己的情绪，然后为下一个东家做出更多的贡献。

王珊珊加盟了国脚云集的大连女足，但是谁也没有想到，由于投资方原因，底蕴深厚的大连女足在 2019 年宣告解散，王珊珊又一次"失业"了。在武汉辗转一年，2020 年天津圣德女足成立并冲甲成功，王珊珊拒绝了武汉队的高薪合同，于 2021 年回到在低级别联赛征战的天津队，"毕竟我是从天津出去的，天津培养了我，听说天津要组这个队，我就想帮助这个队伍"。

在她的优先级排位中，有比个人利益更为重要的东西。

2022 赛季，在北京女足主帅于允和老队友马晓旭的诚心邀请下，王珊珊加盟了北京队。于允期望王珊珊能在队中起到榜样作用，以带动年轻队员成长。

年过三十的王珊珊是场上的定海神针，但这背后需要强大的自驱力来保持身体状态。加练力量是王珊珊的常态："随着年龄增长，身体状态发生变化是必然的，这就要求我比别人付出更多。"

应对伤病就是最好的例证。2016 年里约奥运会前，王珊珊膝关节受伤，保守治疗的那 8 周，腿不能动，只能练上肢和腰腹力量，归队之后队友开玩笑说她练成了施瓦辛格。

但伤愈后她的状态并没有达到最佳，匆忙康复虽然赶上了奥运会，结果却是刻骨铭心的不甘。1/4 决赛中对阵德国队，下半场上场的王珊珊拼抢凶猛导致染红离场，少一人应战的中国队最终 0：1 惜败。

2018 年雅加达亚运会上，中国女足曾无比接近亚洲冠军。当时气势如虹的中国队整个系列赛都未曾战败，对阵塔吉克斯坦女足时，王珊珊下半场第 56 分钟上场，37 分钟内连进 9 个球，收获"九球天后"的外号。决赛对阵老对手日本队，中国队踢得积极主动，可惜多次射门都被对方门将化解。到第 90 分钟的时候，中国女足由于大部前压，被日本队在最后时刻反击破门，最终 0：1 憾负。

接受央视采访时谈起那次错失亚洲冠军，王珊珊平静的表情有了些波动，看得出来她眼眶红了，但她还是迅速隐藏起了情绪。

2022 年亚洲杯，她终于完成复仇之战。

关于王珊珊帮弟弟开的米粉店，还有一个后续——亚洲杯夺冠后，有不少热情的网友想连夜去"打卡"支持那家开在洛阳的米粉店，问的人太多，她的弟弟不得不通过媒体向网友转告：米粉店早不干啦，请网友们不要再传 10 年前的"旧闻"。

除了依然不太喜欢赛场外受人瞩目的感觉，王珊珊对自己现在的状态挺满意的。32 岁是通常意义上的老将了，但年龄也没那么可怕。36 岁的巴西女足传奇玛塔仍然在赛场上征战；还有王珊珊的偶像李娜，她的两座大满贯分别是在 29 岁和 32 岁拿的。

王珊珊曾经在 2019 年见过一次李娜，发现李娜至今每天早上雷打不动要跑 10 公里。王珊珊告诉自己，比她优秀的人还比她努力，自己还有什么理由不去努力呢？

女足・她世代

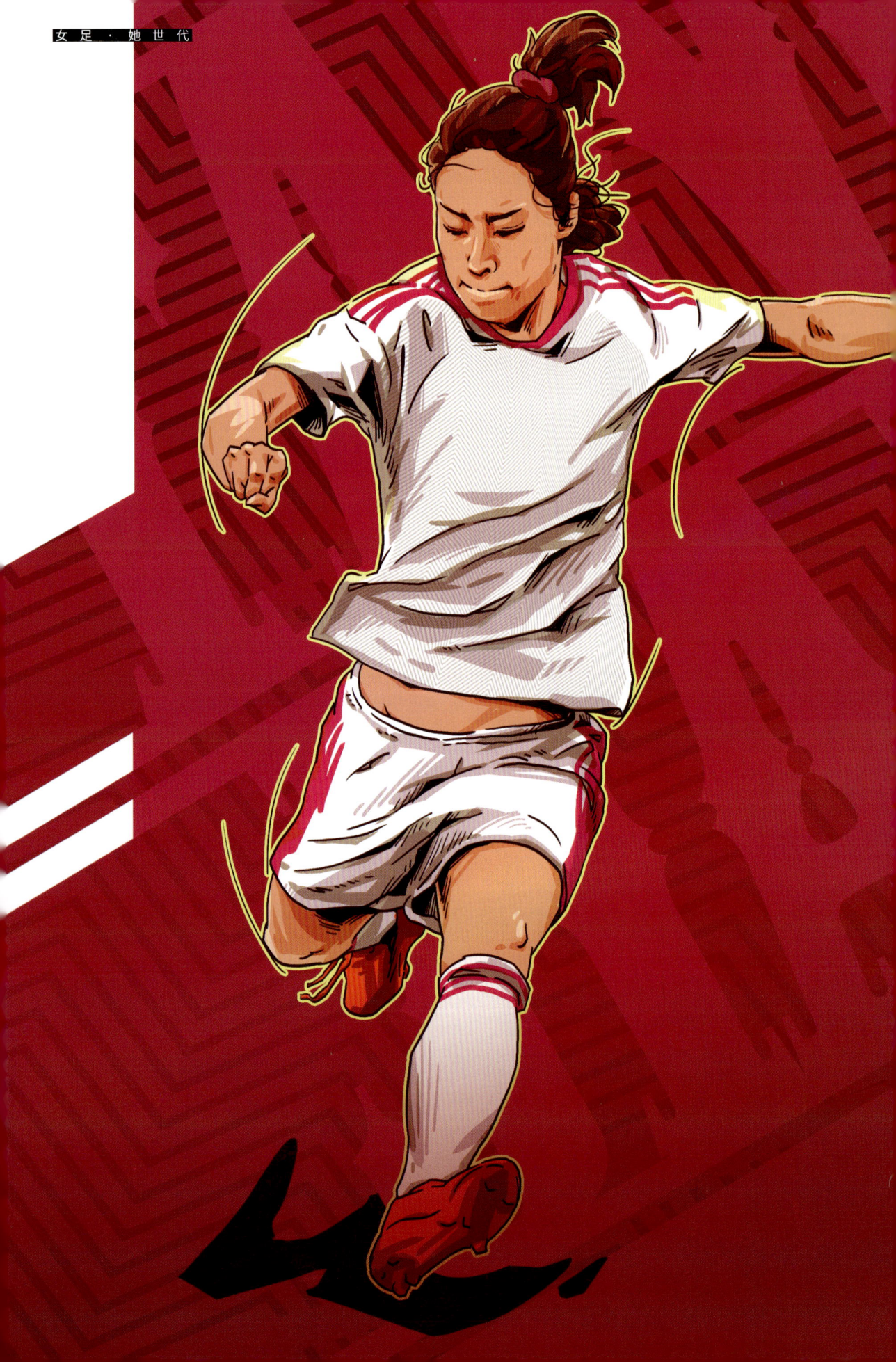

唐佳丽：梦想总会实现

她小心隐藏起自己的不安全感，对照着世界这面镜子，探寻一个新的唐佳丽。

作 者 /
付茸
翻滚坚果主理人

插 画 /
孙岳

你总会在某个瞬间牢牢记住"唐佳丽"这个名字，十有八九是因为某场比赛刻在你脑海中的名场面。

2021年4月，东京奥运会女足亚洲区预选赛附加赛次回合，中国女足对阵韩国女足。当时韩国队1：0领先，对方开出任意球，经过一脚传递，韩国球员已是面对中国队大半个空门。此时唐佳丽从后排冲刺插上，将球从门线上踢出——这一脚解围顶两个进球，中国女足有惊无险地挺进东京奥运会。

比赛结束后，门线极限救险的那张照片给我留下了极深的印象。摄影师抓拍得也好，那一刻，你知道她真是豁出去了，身体的肌肉反应已远远绕开意识，不到1秒的时间，根本来不及细想，必须扛住对手，将球踢飞出去。

在2022年2月的亚洲杯决赛上，她创造了更多这样的时刻。下半场换上场的小将张琳艳创造点球后，唐佳丽主动走向罚球点，为中国队吹响了反攻的号角；接着她在对手二人的猛烈逼抢下，一气呵成地一过二，助攻张琳艳破门。

在更早的2015年女足世界杯上，首次亮相世界杯赛场的唐佳丽，就让国际足球联合会（以下简称国际足联）记住了这个20岁的女孩。万众瞩目之下，她在对阵荷兰女足的小组赛中轰出10次射门，其中5次命中门框范围内，赛后因此得到了国际足联的评价——"唐佳丽在实现她的'玛塔梦'"。

成为玛塔一样的球员，那是2007年女足世界杯赛场边，观看完巴西女足球星玛塔比赛后的12岁小女孩暗暗下定的决心。如今，带着梦想的女孩，只身飞过欧亚大陆，成为踏上英格兰

2015年6月，女足世界杯小组赛，中国女足对阵荷兰女足，唐佳丽表现亮眼。

特 写

女子足球超级联赛的第一位中国球员，在热刺俱乐部追梦。

我们总是希望更多的国内球员能够走出去看看。对那些鼓起勇气做出留洋决定的人来说，内心的斗争如同"宇宙大爆炸"。离开熟悉的球队集体生活，要面对的不仅仅是独立生活、陌生的语言环境、异域的食物，还有可能像"全村的希望"武磊那样，面对未知的117天俱乐部进球荒。他们在经历怎样的压力、焦虑和孤独，怎样的信心摧毁和重建，外人很难轻易体会。

足球带给唐佳丽太多感受，她为足球付出，足球也在以特有的方式回报她。结束上午的训练，唐佳丽的声音从越洋电话里传递过来，我们能在她的表达里感受到她的情绪。

她小心隐藏起自己的不安全感，对照着世界这面镜子，探寻一个新的唐佳丽。

外面的世界

热刺女足俱乐部的主场在伦敦西北部的The Hive球场。这座球场能容纳6,500人，到女足比赛日，这里的主看台会开放约3,000个座位，票价只有热刺男足比赛的十分之一，每场都会坐满为热刺女足加油的球迷。

在伦敦的中国留学生青书记得第一次去看唐佳丽比赛的场景。那是2021年9月，唐佳丽的英超首秀，他们一行好几个人举着中国国旗高喊唐佳丽的名字，青书能感觉到她是非常惊喜和开心的，唐佳丽却在赛后很害羞地表示，有人在场边喊她的名字她会很不好意思。

刚刚换了环境，也许是这里身体对抗强度太高，唐佳丽没想到自己会一直受伤，拉伤完大腿拉小腿，这让她很受打击。

还有很多大大小小的事情要让她适应一阵子。伦敦的阴雨天气里，球队仍然穿着短袖球衣比赛，后来又穿着短袖球衣去拍摄，导致她第二天发烧，不得不缺席训练。跟上海队的老队友视频连线时，她有些哽咽。队友们开玩笑说她铁汉柔情，但也难掩心疼。

一个人的伦敦生活，开局好像不是那么顺利。

不顺的时候，唐佳丽会找当时上海女足的主教练水庆霞倾诉，水庆霞有时也会主动问起她的情况，告诉她不要着急，并给她一些建议。

水庆霞是鼓励爱徒去英超的。在她眼里，唐佳丽身体素质非常好，是一个硬朗、有血性的球员，这个年纪应该出去闯一闯。

唐佳丽喜欢梅西，喜欢巴萨队的传控和团队配合，她最初的计划是去西班牙踢球，买了网课自学西班牙语。曾留洋韩国的队友李佳悦和马君也给了她一些建议，毕竟要去陌生的国家生活，需要做好独立生活的心理准备。

在男足领域，长期以来，欧洲足球俱乐部将吸纳来自东亚的球员视为一种营销策略——既能赢得广大中国球迷的心，也能吸引来自这些市场的赞助商。但在女足领域，本身相对较低的商业化渗透，使得留洋的目的更加纯粹。

留洋完全是唐佳丽自己慎重考虑后做出的决定。知道她的想法后，运作过多名女足球员留洋的经纪公司找到了唐佳丽。唐佳丽脾气很直，一上来就告诉对方："你要敢骗我，你就死定了！"

最重要的是这个女孩已经下定决心。2020赛季女超联赛结束后，经纪公司的团队开始帮唐佳丽联系俱乐部。有西班牙的球队发来offer（录取通知），英超俱乐部热刺也表达出了兴趣。综合考虑后，唐佳丽做出了这个双向选择。

俱乐部帮她在伦敦租好了公寓。训练日早上，她八点多出发到球队集合，早餐和开会后进行一些拉伸训练，然后是一个半小时的场地训练，午饭后会视情况进行力量训练，如果没有力量训练，吃完午饭就可以回家。

和国内不同的是，训练和比赛之外，她有了更多独处的时间。

唐佳丽发现队友们的生活方式和国内很不一样，队里很多球员在踢球的同时也会有别的工作，比如一边踢球，一边当青少年足球教练，还有一个队友的本职工作是建筑师。渐渐地，业余生活中，唐佳丽也会走进社区，去教伦敦当地的小朋友踢球。休息日的时候，在苏格兰女子超级联赛凯尔特人队效力的沈梦雨会来伦敦找她，两个人一起逛逛街、聊聊天，排解一下内心的情绪，毕竟没有谁比她们更能对彼此的境遇感同身受。

语言上的障碍在慢慢克服，一开始队友会主动给她一些帮助，帮她更好地理解技战术打法，到现在她差不多能听懂八九成了。

2021年10月，在对阵查尔顿女足的联赛杯比赛中，唐佳丽收获效力热刺队以来的首粒进球，这让她释放了很大的压力。"信念带我穿越黑暗"，她在社交媒体上写道。

挫败中成长

唐佳丽是偶然走上足球这条路的。

小时候，她随经商的父母从黑龙江来到上海。7岁那年，上海著名的女足青训教练钱惠看到这个短跑特别快的小女孩，问她想不想踢足球。

唐佳丽过去体验了一下，觉得足球挺好玩的，就这样转学到了女足特色学校——金沙江小学。

父母对女儿踢球这件事十分支持。自从踢足球以来，唐佳丽接触到了很多朋友，内向和害羞的性格也有了一些改变。慢慢地，她发现自己确实有天赋、有能力做好这件事，在球场上的自信也建立起来。

2014年，上海青年队的唐佳丽第一次入选国字号球队，随队参加在加拿大举办的女足世青赛。小组赛对阵上届亚军德国队，中国队三次落后三次扳平，唐佳丽贡献两球，最终中国女足以5：5的比分顽强逼平德国队。

凭借世青赛上令人印象深刻的表现，2015年唐佳丽成功入选由郝伟执教的中国女足，出征加拿大女足世界杯。在那里，唐佳丽一战成名，让国际舞台记住了她的名字。

顶着国际足联最佳新人的提名，此后的几年，唐佳丽却消失了，接连无缘阿尔加夫杯、里约奥运会乃至后来的亚运会和法国世界杯，这对于她的打击可想而知。

媒体和球迷纷纷问道：唐佳丽去哪儿了？

唐佳丽说，那个时期，她整个人都陷入一种钻牛角尖的状态——作为一个前锋射门射不进，给自己留下了不少心理阴影。

心态这东西非常难以琢磨。两次夺得大满贯的网球运动员李娜曾在自传《独自上场》中描述过那种失控的感觉："每个人的心里都有一头锁在笼子里的野兽，它好斗、易怒、偏激，伤痕累累，残暴无比。我习惯在比赛时打开笼门，让它出现，助我一臂之力，但当我的精神力量变得脆弱时，就会招致那只野兽的反噬。它不停地讥笑我、羞辱我，让我不断地为自己的失误痛哭流涕或是怨天尤人。"

自我怀疑、自我否定把唐佳丽拉进深渊。2018赛季，唐佳丽从上海女足租借至江苏苏宁女足。她要适应的，不仅仅是战术和队友的变化，还有"从头再来"的心理重建。

江苏苏宁女足外教杰斯林鼓励唐佳丽："佳丽，你可以在场上完成很多东西，帮助球队的方式有很多种，进球只是其中之一。你在场上不一定要进球，因为你的队友可以帮你进。"这番话，多少让唐佳丽放下了心理包袱。

她和教练一点点地交流沟通，针对自己的不足，专门去找教练加练。在接下来的比赛中，助攻来了，进球也接踵而至。2019赛季，唐佳丽帮助江苏苏宁女足在国内赛场加冕女超联赛、足协杯、锦标赛和超级杯，成为四冠王，她也以8个进球加冕本土金靴。

唐佳丽说，回头看，那两年的低谷期反而成了自己成长最快的阶段。她对自我也有了一个全新的认知。

随后到来的2020东京奥运会预选赛，她再一次敲开国家队的大门。

梦想总会实现

唐佳丽也没想到，自己落选东京奥运会大名单会在网络上引发一场不小的风波。

东京奥运会预选赛上，在王霜缺阵的情况下，唐佳丽三场四球，扛起了全队的锋线。对阵韩国队，王霜归来，加上唐佳丽的出色发挥，最终中国队两回合淘汰韩国队，拿下东京奥运会入场券。

让人不解的是，各种新面孔出现在出征奥运会的22人大名单中，作为球队功臣的唐佳丽，却没能随队前往东京。

到了东京，中国女足0：5不敌巴西队，4：4险平赞比亚队，2：8负于荷兰队，这支球队和3个月前战胜韩国队的那支中国女足截然不同。新华社等媒体登出标题发问：中国女足怎么了？

随着越来越多的足球媒体加入讨论，话题不断发酵，这对唐佳丽的心态也造成了影响。那段时间，上海女足主教练水庆霞给她放了假，让她好好调整心情。相比于三四年前，唐佳丽觉

2022年亚洲杯决赛，唐佳丽罚点球瞬间。

得自己能更成熟地处理这种由落选带来的负面情绪。过去的事情已无法改变，她希望自己可以把握住接下来的每一次机会，不留下遗憾。

终于，一直关注着唐佳丽在英超表现的中国女足新任主教练水庆霞，向她发出了召唤。

至今，朋友还会不时地和唐佳丽聊起亚洲杯逆转取胜的那两场比赛。

在决赛中，中国女足上半场以0∶2落后韩国队。下半场，替换王霜上场的小将张琳艳为中国队制造了一个点球机会。

水庆霞在场边看到大家的表情，可能压力都很大，她也没有指定谁来罚这个点球。这个时候，唐佳丽主动把球拿到了点球点。

裁判鸣哨，唐佳丽等了大约10秒钟，对守在电视机前的观众来说，那是无比漫长的10秒。水庆霞后来坦言，她当时低下了头，没敢看。

唐佳丽故意放缓节奏，调整好心态，她心里想，一定要做到最稳，一定要把握住这个追分的机会。最终她承受住了这个重压，为中国队拉开了反攻序幕。

亚洲杯夺冠后，唐佳丽在2021年7月发布的一条微博被球迷们疯狂转发。当时她正处于舆论旋涡之中，她的偶像梅西刚刚率领阿根廷队拿到美洲杯冠军。唐佳丽写道："梦想总会实现，早晚都会。"转发那条微博的球迷纷纷送上

祝福：你实现梦想了！亚洲杯冠军！

生活还在继续，唐佳丽马不停蹄地从印度飞回伦敦参加英超的比赛。

留学生青书和几个朋友商量好，去机场迎接亚洲冠军的归来。原本以为唐佳丽会在众人的欢呼中出现，但让青书没想到的是，她就那样低调地走了出来，一开始他们甚至都没有注意到。

"我们看到的只是一个赶了很久飞机、舟车劳顿的普通女孩，拖着行李箱，戴着口罩，和我们每个人打着招呼，一一答应我们合影签名的要求，和媒体所渲染的'英雄'形象好像很接近，好像又相距甚远。"青书说。

与热刺的租借合约到期之后，2022年8月，唐佳丽宣布加盟新东家马德里CFF（马德里女子足球俱乐部）。她之前苦学的西班牙语终于能派上用场了。

唐佳丽以前其实不太喜欢得到太多关注，但留洋后，她慢慢接受了大家都在看她。她说，看到很多人说想成为她这样的人，这种感觉挺不错。

女足·她世代

张琳艳：短刀出鞘

亚洲杯上的"秘密武器"，已不再是中国队的秘密。

作 者 /
付苴
翻滚坚果主理人

插 画 /
孙岳

落地四川绵阳南郊机场，张琳艳没想到会有这么多热情的球迷前来接机。

球迷们拉起"欢迎亚洲冠军张琳艳凯旋"的横幅，张琳艳的父母、亲朋好友、教练都来了，江油市政府、江油市教体局、江油市花园小学、江油一中也派了代表迎接她回家。围观的人群簇拥着她，让这个1.54米的小个子女孩显得更加瘦小。

江油是一个只有70多万人口的小城市。张琳艳在家短短几天时间，一些不认识的人甚至找上了家门，想要见见这位关键时刻帮助中国女足夺冠的功臣。

事实上，直到2022年女足亚洲杯决赛之前，很少有人注意到国家队中这位2001年出生的小将。

2021赛季，张琳艳在女甲球队广州队效力，凭借9粒进球成为当赛季女甲射手王。她在全运会上的表现也引起了中国女足主教练水庆霞的注意，在随后的国家队集训中，张琳艳得到认可，入选征战亚洲杯的最终23人名单。

亚洲杯半决赛与日本队的较量，张琳艳首发45分钟，对位效力于英超西汉姆联俱乐部的长谷川唯。水庆霞认为张琳艳有能力胜任，而半场将她换下则是希望她能在决赛关键时刻发挥作用，因为对手对她的特点还不是很了解。

果然，"秘密武器"成了制胜法宝。

2022年2月6日亚洲杯冠军之战，印度新孟买DY帕蒂尔体育场。时间走过45分钟，中国队已是0∶2落后于韩国队。

比赛第 59 分钟，身披球队 19 号战袍的张琳艳登场，换下了受脚伤困扰的王霜。水庆霞并没有多叮嘱什么，只是在中场休息时对张琳艳说了一句"好好准备"。

第 67 分钟，张琳艳左路持球，摆脱防守找到起脚空间，一脚传中造成韩国队后卫手球，主裁毫不犹豫地做出了点球的判罚，唐佳丽主罚命中。随后唐佳丽一个一过二的个人表演，底线传中，张琳艳高高跃起将球顶入死角，帮助中国队扳平了比分。

启蒙之路

那一刻，张琳艳的启蒙教练、江油一中老师文荣用绵阳话高喊着张琳艳的名字，激动得落泪。张琳艳的父亲张守武也哭了，比赛结束后，他一整晚没能睡着。

张守武靠着厨师的手艺，一直和妻子在广东、福建等地打工，张琳艳的奶奶则在江油老家照顾孙女，每天接送她上下学。

汶川大地震后，2009 年，江油一中将女足作为精神重建的重要一部分，牵头抓起了女足。启蒙教练文荣来到板房搭建的花园小学，准备挑选一批苗子。

张琳艳小时候特别调皮，同学说她每天指甲盖里都是黑的。这个爱玩的 8 岁小女孩还不知道自己的命运将如何被足球改变。

文荣测了测立定跳远，发现张琳艳的爆发力远超一般孩子，于是她就这样被选入了足球队，每个周末跟着高年级的女孩去江油一中训练。

爸爸张守武不会踢球，但喜欢看球。对女儿踢足球这事他是支持的。妈妈朱莎玉心疼女儿，担心一个女孩子晒得黑黑的，不好看。加上当时张琳艳成绩也不错，妈妈更想让她好好学习。

张琳艳说自己一开始也有过不想踢的想法，因为周末睡不了懒觉。但是很快她就喜欢上了足球，她发现自己可以做得很好，而且也认识了很多朋友，很快乐。

2012年，恒大俱乐部牵手皇马青训，在广东清远成立了文化教育和足球培训结合的寄宿学校。在恒大足校面对全国的招生中，张琳艳被选中了，她也成为四川唯一免费入学的女球员，那时她刚刚11岁。

刚去的时候，恒大足球学校还没有完全建好，新来的小球员在一个军训基地里待了一个多月。班里只有三个女孩。张琳艳几乎天天哭着给妈妈打电话。

后来军训结束，球员们从基地搬去足球学校，开始了正常训练。张琳艳在足球中找回了快乐，也交到新朋友。她不怎么想家了。

关键的选择

从江油来到清远这些年，爸爸去送过张琳艳一次，妈妈有一年的十一和春节假期来看过她。这和别的家长不太一样，他们中有些干脆在清远租房陪读。但张琳艳也没想那么多，因为很快她就进入了国字号球队集训。

亚洲杯夺冠之后，有网友想起了她：这不就是《足球之夜》节目去恒大足球学校采访过的那个"黑妹"嘛。

张琳艳的运动能力一点儿也不输男孩。班里的男孩喊她"黑妹"，然后撒腿就跑，她追了上去，一个橄榄球式的鱼跃飞扑，将小男孩扑倒在地。她每天都会记满满几页纸的训练笔记，12岁的她谈起梦想时，眼里有光——她对着镜头说，自己的梦想就是进国家队，要超越孙雯站上世界巅峰。

进校第二年，张琳艳入选U14女足国少队。亚少赛东亚区决赛中，她4次破门，名列射手榜次席。因为表现出色，她被选中作为小球员代表与前来中国的贝克汉姆见面，得到了贝克汉姆赠送的签名足球——前不久贝克汉姆专门在微博上给张琳艳发来祝贺，并回忆起那次见面。

2015年，张琳艳跳级成为U16国少队主力，参加了"鲁能·潍坊杯"国际青年足球邀请赛。在那届比赛中国队夺得冠军，张琳艳荣获"最佳球员"的称号。

就在闪闪发光的未来正在面前铺开之时，一次意外的伤病差点葬送了她的足球生涯。

张琳艳清楚地记得，受伤那天是2016年1月28日。在全国女子足球U16锦标赛上，比赛已经到最后时刻，张琳艳的球队领先。但她还是为了一个球追击了出去，结果被对方门将压在身下，脚踝骨折，韧带也需要修复。

做完手术当天，张琳艳疼得一直在哭，妈妈守着她，也跟着哭。

更难的是心理上的关卡，因为当时已经到了选择要不要继续踢球的当口。

连医生都觉得，这种情况很难继续踢职业足球了。躺在医院治疗的3个月里，妈妈没去工作，每天照顾她，劝她不要再踢了，回去继续上学还来得及。

在最艰难的这段时间，没有人能懂她内心的挣扎。张琳艳每天数着日子，已经受伤多少天、距离恢复还有多久。为了继续踢球，她甚至和父母吵过架。

直到父母看她这么坚持，终于默认了她的决定。张琳艳按部就班地进行康复训练，修养了一年左右，重新回到赛场。

2017年7月潍坊杯的最后一轮，中国U16对阵美国U16，张琳艳在比赛最后时刻送出绝杀，帮助球队5∶4取胜，宣告了自己的归来。然而，2018年的永川女足四国赛，17岁的张琳艳首次代表成年女足国家队出场，却又遭受了膝盖前叉韧带断裂的大伤。

在中国足协的支持下，张琳艳远赴德国进行手术和康复。她离开集体宿舍和食堂，过了一段一个人的生活。她理解了国青队友赵瑜洁一个人在美国踢球有多么孤单；还想到了曾遭遇三次十字韧带断裂的天才球员马晓旭，经历了那么多，她还在坚持……

走向远方

更多关于张琳艳的采访被网友翻了出来。2018年U20女足世界杯小组赛最后一轮，中国队被尼日利亚队在伤停补时阶段打入一球扳平比分，最终小组出局。全场表现出色的张琳艳接受赛后采访时泣不成声，她说："只要能够再次穿上国家队的战袍，我就会用全部力量去战斗。"

回头再看输球后痛哭的视频，她觉得自己很傻，她说："今年没怎么哭过了。"

不过亚洲杯期间她的确哭过一次。

当时全队前往下一个比赛场地,她在大巴车上读一本名为《云边有个小卖部》的小说。故事的主人公刘十三从小和开小卖部的外婆相依为命,刘十三努力读书,离开了小镇,追寻远方与梦想。读到主人公的外婆去世的时候,张琳艳没忍住哭了……

家人终归要目送这个小女孩的背影,看着她走向远方。

张琳艳看到很多亚洲球员去了欧洲,世青赛的对手、英格兰的同龄球员已经穿上了曼城队10号球衣,她担心自己会跟她们的差距越来越大。

每场比赛结束,张琳艳都会认真复盘,她至今仍然保持着做笔记的习惯。亚洲杯回国之后的那段隔离期,她观察到队里的姐姐们每次训练完还会自己去加练腰腹,就觉得自己需要更加努力。

当我们再次聊起小时候定下的"超越孙雯"的目标,她显得有些不好意思,连连摆手说:"童言无忌,童言无忌。"

遥远的梦想暂时放在心底。2022年8月,张琳艳前往欧洲加盟瑞士草蜢俱乐部,将开始一段新征程。如今,她不再是中国队的秘密,短刀已出鞘,更多人将会见识这道锋芒。

女足·她世代

赵丽娜：球场之外

我代表的不止我自己。

作　者 /
付茸
翻滚坚果主理人

插　画 /
孙岳

1.88 米的身高，赵丽娜是那种在人群中藏不住的女孩。现在，她想让更多的人借由她的眼睛认识中国女足。

训练和比赛之余，她在很用心地经营社交媒体上的短视频内容。亚洲杯夺冠那天，她拍摄的沉浸式领奖"vlog"，让球迷们以第一视角感受了登上亚洲杯领奖台是什么样的体验。那条视频在哔哩哔哩平台上收获了 110 万播放量。

阔别国家队三年，在 30 岁的年纪重新被召回国家队，赵丽娜觉得自己身上有了更多责任。她说："我现在更多的是想要'反哺'足球，因为足球确实带给了我太多的收获。"

2018 年亚运会决赛，中国女足和日本队相遇。双方在大雨中互攻 90 分钟，读秒阶段，日本队前锋菅泽优衣香攻破了赵丽娜把守的大门，中国队最终屈居亚军。

那场比赛之后，赵丽娜一度陷入了非常自责的情绪，她觉得自己没有什么坚持下去的动力了。

还好她没有放弃。赵丽娜在效力的上海女足努力训练，维持着自己的状态。2021 年的陕西全运会，上海队在半决赛中和东道主陕西队拼到了点球阶段，最终上海队凭借赵丽娜的神勇发挥挺进决赛。

这次重回国家队，她觉得自己已是有备而来，一切都准备好了，就等这个机会去拼一次。虽然整个亚洲杯上只首发了一场，但她并不遗憾。她由衷地为后辈的表现感到高兴。

赵丽娜没有想过自己要踢到多少岁，到了这个阶段，她考虑更多的是，未来在球场之外，她要去做一些什么事情。这是她眼下非常明确的计划。

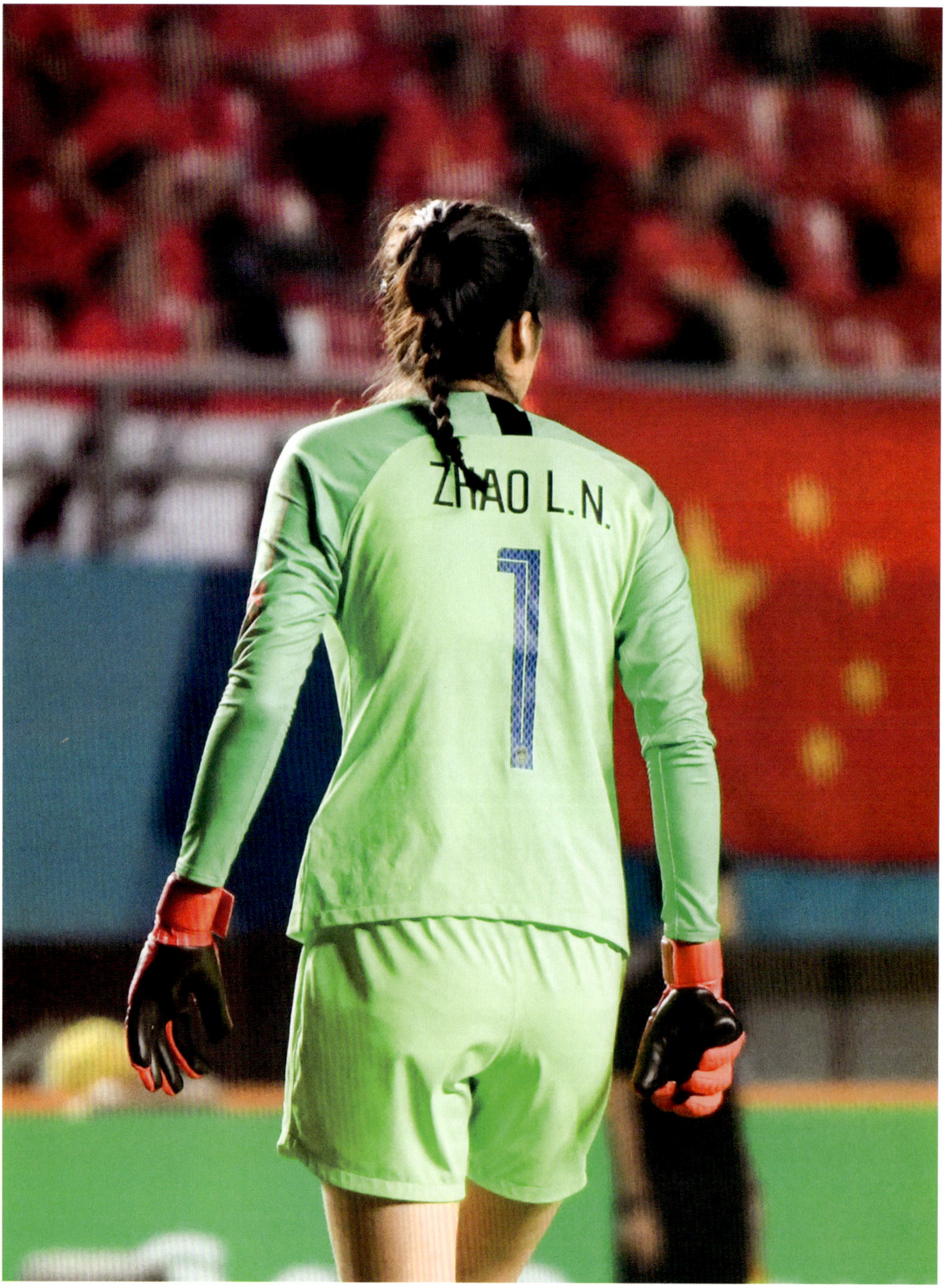
ZHAO L.N.
1

特写

以下是赵丽娜的自述：

终场哨声吹响的那一瞬间，我觉得有点儿不太现实。那一场比赛我觉得就像在做梦一样，从落后到扳平，最后反超，这一整个过程说实话我完全没想到。当时我在场边，身为这个团队的一员，我很自豪、很骄傲，为队友感到高兴。那个时候我也挺庆幸的，我做好准备拿相机记录了这一切，也可以跟球迷去分享颁奖的喜悦。

回到酒店之后，大家要整理东西，第二天凌晨就要出发去机场，当时的想法是终于可以吃火锅了。回国之后才慢慢地感受到，原来这个冠

军那么受关注，路上有那么多人欢迎我们，给我们送花、送礼物，我们入住的酒店是封闭的，有很多球迷在远处看到我们，他们都会觉得开心。

其实这届亚洲杯证实了一点，不是大家不关注女足，而是我们可能没有达到球迷对我们的期望。我觉得这次亚洲杯就是契机，对于我们中国女足来说，这是一个起点，我们也有了一个新的目标，未来我们可以去攀登更高的山峰。

但是我觉得这样的攀登过程，并不是通过一代人的努力就可以真的伸手够到，而是要一代又一代的人不断努力，包括队员、教练，还有幕后的一些人。所以我觉得这次亚洲杯冠军给了我很多启发，我相信也给了很多球迷一个关注女足的开始。

2018年亚运会的那场比赛本应是站上亚洲之巅的绝佳机会，那段时间我的精神压力一直比较大。最后被日本队绝杀，我觉得有点儿自责，如果自己能力再强一点儿，会不会我们在那个时候已经是亚洲冠军。那个时候我觉得好像很难坚持下去了。

我自己会给自己很大压力，可能是性格的关系，我比较追求完美。有几场球或者是一段时间的状态没有达到我自己理想的样子，我就会觉得我是不是不好，加上外界的舆论压力，会让我陷入自我否定。

亚运会结束之后，队里面就给我放了一个长假，也给了我一些时间去思考、消化这些东西。

我觉得走出来还是需要时间的，你没有办法说你做了什么事情，一下子就会让自己豁然开朗。但是我觉得通过那段时间，我的思路更清楚了。

其实我开始做短视频也是在2018年，正好是我从国家队退下来的那段时间。因为自己的时间比较多，所以我就一直在想，我跟随国家队去看过了各种国外球迷对女足的关注，其实我们国内也可以有那么多的球迷到现场支持我们。每个球员都可以有自己的后援会，或者是球迷团体，我就在想用什么样的方式可以让他们去了解更多。

然后我就把每天的训练和生活内容记录下来，让大家先通过我了解到更多的女足球员。那段时间我是一腔热血地在做这个事情，虽然有时候我花了很长时间去做的短视频最后没有几个人会看，但更多时候还是会得到很多网友的支持，那个时候我就会觉得我必须做下去。

以队员的身份去采访队友或者是对手，让我发现了每个人都有很有趣的性格和灵魂。我在想用什么样的方式可以让更多的人来认识她们，有可能大家只知道一个运动员在球场上是这个样子，但他们其实根本不知道她私底下很爱学习，又或者是喜欢做面包、蛋糕。聊天的过程还让我发现了很多队友和对手之间不一样的故事，这也会比较激励我。

我还发现只有个别球员选择足球是因为她自己喜欢，或者是爸爸特别喜欢看球，然后影响到了她们。其实大部分人和我的足球启蒙经历是一样的，是被动的——被教练发现了，来告诉你有足球这样一个项目，你可能会很适合，要不要来试一下。

在这个过程中我就会思考，未来是不是可以有机会去影响那些被动选择足球的孩子，让他们在被选择之前，可以主动地去认识足球，知道足球是一个什么样的东西，让他们有机会去体验。因为主动去选择足球的那些运动员，他们对足球的热情程度一定是更高的。

我还会去不停地打破自己的舒适圈，在这个过程当中，我有可能会找到一样更适合我的东西，我就会更多地做这样的事情。

不过我接下来的人生规划，还是想要去做足球普及。可能我接下来会去 100 个校园里面，去影响 100 个学校的孩子，让他们去上足球课。我也会捐赠球场或者是一些器械，让他们有更好的训练条件，有更多的可能性。

做短视频之后，我接触了很多不一样的东西，尝试过做主持人，也做过演讲。我告诉自己，要把好看的一面留在镜头前，让大家知道作为一个运动员，你也可以美美的，你也可以有个性，或者是也可以去尝试各种不同的东西，把它们驾驭得很好。

因为我觉得我代表的不止我自己，大家可能会觉得是不是足球让我的性格变成了现在这样，他们也就会更多地去关注这项运动。

网上有很多人关注我的外貌和情感状态，其实我不太排斥人家问这种问题，因为我有我自己的答案。我是一个家庭观念挺重的人，但因为在足球上花的时间太多了，没有更多的时间去陪伴家人。我觉得伴侣对我的意义更多的是陪

图片来源：浙江卫视《闪光吧！少年》官方微博。在新疆喀什色满乡中心小学，赵丽娜完成了自己"走进100所学校，让足球走进更多女孩的成长"这个愿望的第一步，帮这里的女学生成立了一支女足队。

伴，我希望未来我的伴侣可以认可我做的事情，并且可以和我一起去经历更多的事情。但是到目前为止，我的生活方式确实让我很难找到适合的人。

我不排斥"美"这个词，因为我觉得女生最终的追求就是美，但是大家对于美的定义不一样。女性很坚毅、很自信的态度也是美，像马晓旭现在刚做教练，她在球场上的霸气，以及水导表现出来的坚持和专注，这都是不一样的美。

我一直都看得到水导对足球的坚持，作为一个女性教练，她放弃了生活中大部分的东西和时间，全身心地投入到球队里面。她长时间地住在我们球队里，长时间地去做一些赛后的分析，然后去跟其他教练沟通，去跟队员沟通，这需要付出比场上更多的时间和精力。

我觉得水导真的非常不容易。可能相比于家庭或父母，她大部分的时间和精力都放在我们身上了，对她来说，我们就像她的孩子一样。

她的这份坚持特别打动我。那么多年了，我确实是从来没有见到过一个女性可以为自己的事业拼到这个地步。

当得知她能够去国家队执教，我们发自内心地为她开心。我觉得她这么多年的坚持是值得的。看水导的一些采访，看到她哭，我也很想哭。

近五年，我对未来要做什么事情，以及我对足球的喜爱，越来越坚定。我也很感谢这么多年来足球带给我这些东西，无论我未来在不在球场，是不是以一个球员的身份去面对镜头，我一定都不会离开足球。

我希望未来在这个圈子里的每一个人，都做好自己职责内应该做的事情，在自己可能的范围里面努力去做到最好。我相信中国足球的未来一定会越来越好。

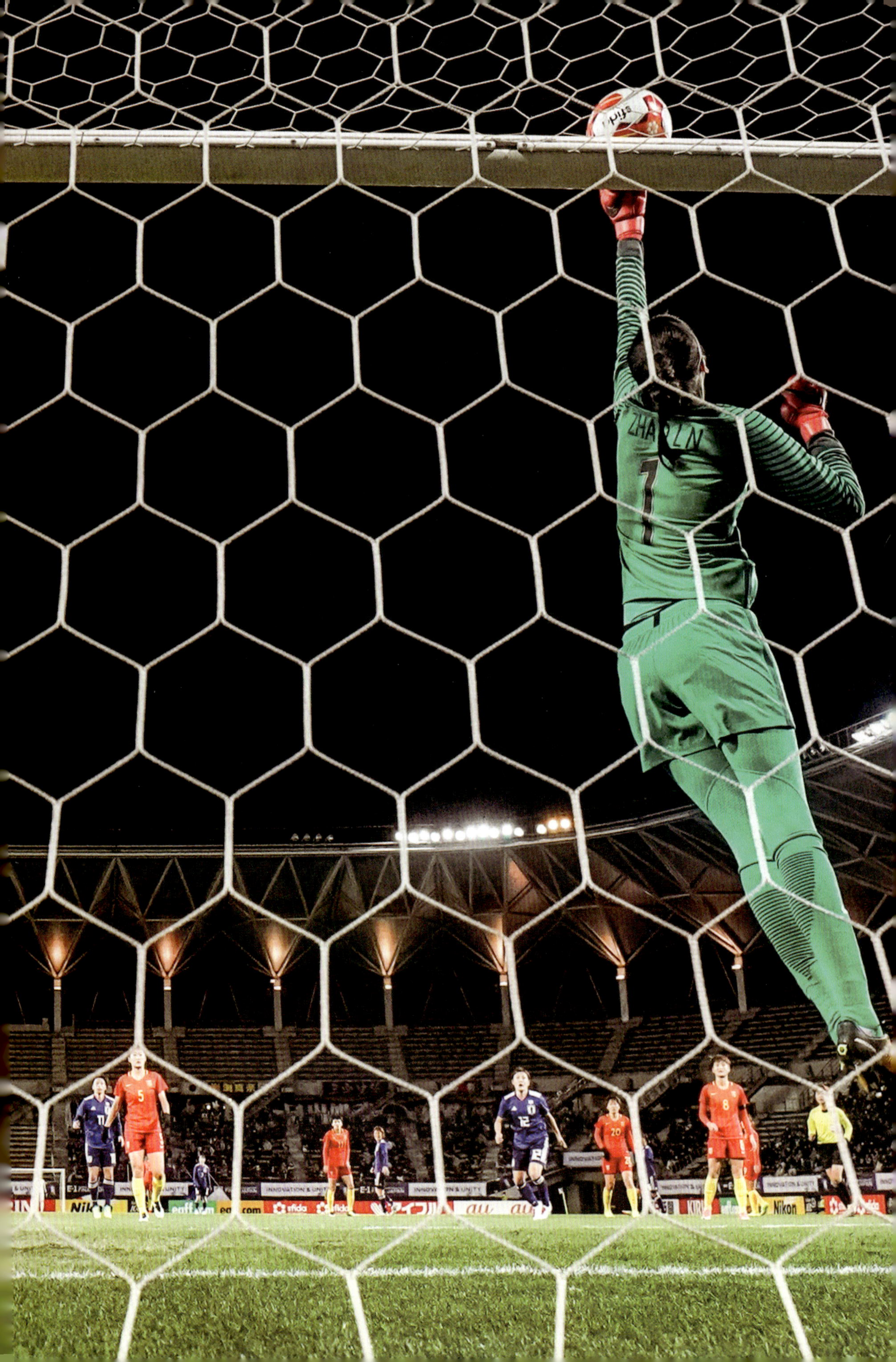
INNOVATION & UNITY
Nikon

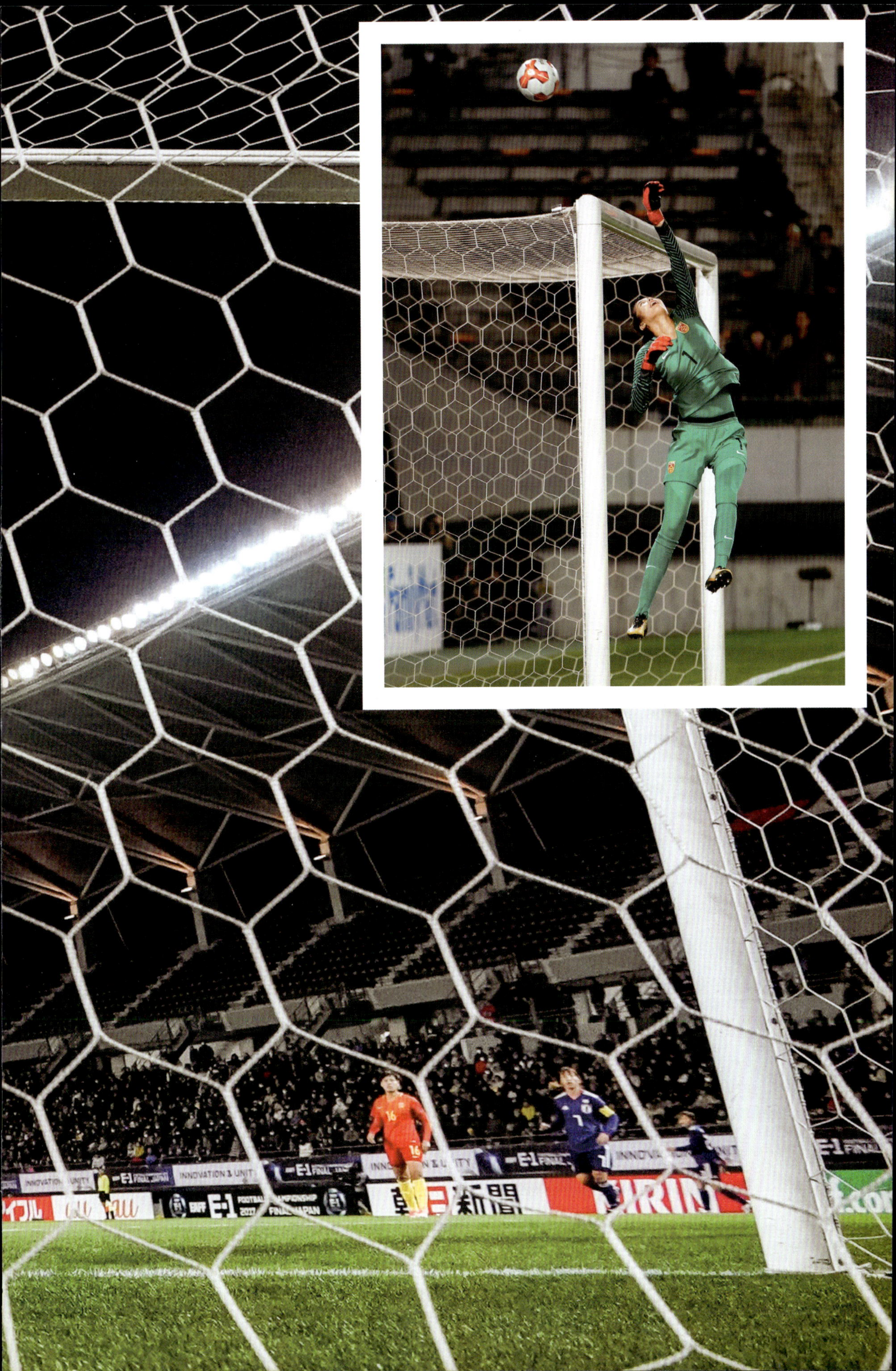
INNOVATION & UNITY

女足·她世代

沈梦雨：外面的世界

探索足球，探索未知，探索自己。

作　者 /
曹思颀
懒熊体育作者，寻找体育世界里的好故事

插　画 /
孙岳

祸兮福所倚，福兮祸所伏。

春秋时期《老子》中这句颇具人生哲理的话，放在两千多年后依旧适用。

2017年夏天，还不满16岁的沈梦雨戴上了中国女足国青队的队长袖标。她成长于上海队，深受海派足球风格的影响，灵活的跑位和犀利的直传球是她的标签。

可人生不总是一帆风顺的，时有挫折来袭。18岁的沈梦雨遭受了职业生涯的第一个瓶颈，因为伤病和一些场外因素，在长达一年多的时间里，她都没有高水平的比赛可以打，这对于一名处在成长关键阶段的球员来说，无论在心理还是竞技层面上都是严峻的考验。

在几乎同一时期，欧洲职业女足开始兴起。依托于社区、球场、先进的理念以及资金的支持，在很长一段时间里，她们悄无声息地在世界女足舞台上、在欧洲各国国家队和职业联赛中迅速成长。在竞技层面，法国里昂俱乐部从2016年开始，7年6夺欧冠冠军；在商业层面，英女超联赛成为在英格兰本土观看人数第四的体育赛事，每年冠名加上转播收入超过2,500万英镑。

是金子总会发光的，在2020—2021年凭借频繁进入国家队集训名单以及联赛中的优异表现，上海姑娘沈梦雨迎来了去欧洲试一试的机会，英伦三岛的苏格兰凯尔特人女足，向她抛来了橄榄枝。

2022年5月29日，她在苏格兰女足杯总决赛中首发出场并打入一球，帮助凯尔特人女足队夺冠，并收获了留洋元年的第二个冠军奖杯。夺冠之后的沈梦雨坦诚地聊了聊她这一年留洋的体会。

以下是沈梦雨的自述：

我其实一直有出国踢球的打算，因为觉得可以了解不同地方的足球文化。但具体什么时候出国，这件事原本是没有计划的，最后的决定是属于机会来了之后再进行的评估。

我觉得20岁还很小，完全可以出去看一看。自己出国踢球是一件很需要勇气的事情，但我觉得既然做了，就不要担心有什么后果，在这个过程中慢慢把它做好。

国外球员给我留下的最深刻印象就是自信和纯粹。我觉得自己是一个比较"钻"的人，有时会沉浸在"今天有什么地方没做好""某一个方面还可以提高"这些细节上。但队友们会告诉我"今天你传了一个特别好的球""你90%的时间都是好的，没有必要过于在乎那10%"，

我觉得这种更阳光和积极的心态对我触动很大。我觉得国内球员也可以多一些这样的心态。

刚来这边的时候，我在场上最直观的感受就是踢球风格确实不一样。上海队会比较讲究"脚下"和技术，但苏格兰这边的节奏和速度都很快，所以我其实要适应一种完全不同的比赛风格。

如果没记错的话，2021—2022赛季我踢了37场比赛，非常开心，稳定踢上持续高水平的比赛对我很重要。

另外，我也可以近距离观察并了解欧洲一些女足俱乐部场外的情况，不仅仅是竞技水平，还有管理能力。这里女足球队的一个天然优势就

是可以承袭男足已经成熟的职业管理方式，也可以和本俱乐部的男足共同使用训练基地内的一切场地和硬件设施，不需要自己摸索一条路，可以直接应用。

总的来说，这一年我觉得自己是一个上升的趋势。说实话，中西方足球和文化都存在一定的差异，所以需要一个过程去接纳和融入不同的文化。在这个过程中，我的队友给了我很多耐心和包容，我觉得自己很幸运。

刚来这儿的时候，我会觉得在陌生的环境里，自己最好还是先在旁边默默学习，不要总是影响到别人。各种口音的英语也让人头疼，有时主教练的战术布置，我也不能完全听懂。不过很幸福的是，队友们都很有耐心，训练的时候如果我没听懂，她们会反复跟我解释，我的美国室友也会来回充当我和西班牙教练之间的翻译。

后来我慢慢意识到，"脸皮厚"挺重要的，一定要促使自己更多地表达。

生活中也是如此，她们无论做什么都会叫上我，我们经常在客厅里一起看电影，所以也不会感觉到孤独。

在海外踢球还要面临的一个问题就是安排好自己的生活。不同于国内青年队时期相对集中的训练比赛环境，我们球队日常是上午训练，一周有两次下午的健身房力量训练，我一般当地时间下午三点就到家了。

比赛和训练之余，我要上英语课，这是刚需；也会和室友们一起到咖啡厅聊聊天，或者去公园和超市逛一逛。在苏格兰，经常会有当地居民在路上或者训练场边认出我们的球衣，然后告诉我："我知道你们这周有比赛，我们会去看的，好好表现，加油！"我能感受到在这里大家都在关注这项运动，我觉得很开心，也很幸运。

当地的留学生球迷给了我很多支持。几乎每场比赛我都能看到场边有留学生来看凯尔特人队的比赛，有些还会举着带有我名字的围巾，看到他们，我会觉得很亲切。也有很多当地球迷，看球对于他们来说似乎就是一种周末的生活方式，和看电影一样。

我印象最深的比赛是最后的足总杯决赛，不仅是因为我自己收获了一粒进球，给第一个留洋赛季交出了一份满意的答卷，而且也因为这是我们整个赛季的最后一场比赛，它意味着这个集体里一定会有人要离开，所以大家也都特别希望一起赢下来。

我最喜欢的球员是莫德里奇，觉得他的长发很帅。前几年我们球队的体能教练来自克罗地亚，他和莫德里奇有一些交集，所以我听他讲了很多莫德里奇的故事，一来二去就更喜欢了，希望有一天可以成为像他一样的球队"中场发动机"。

最后，我希望读者能够多多参与到自己喜欢的运动中。真的投入到一项运动中的时候，你会感受到运动带给你的很多乐趣，而且和姐妹们一起出现在球场上，也是一件很酷的事情。谢谢大家的支持，我会继续努力，也希望大家在运动中收获更多的快乐。

女足·她世代

特 写

2022 年亚足联印度女足亚洲杯

中国女足 23 人参赛名单

主教练：水庆霞

朱 钰	姚 伟	王 霜	马 君	刘艳秋	徐 欢
王晓雪	姚凌薇	李梦雯	吴澄舒	赵丽娜	杨莉娜
张 馨	肖裕仪	李佳悦	高 晨	王妍雯	娄佳惠
王珊珊	张琳艳	张 睿	李 影	唐佳丽	

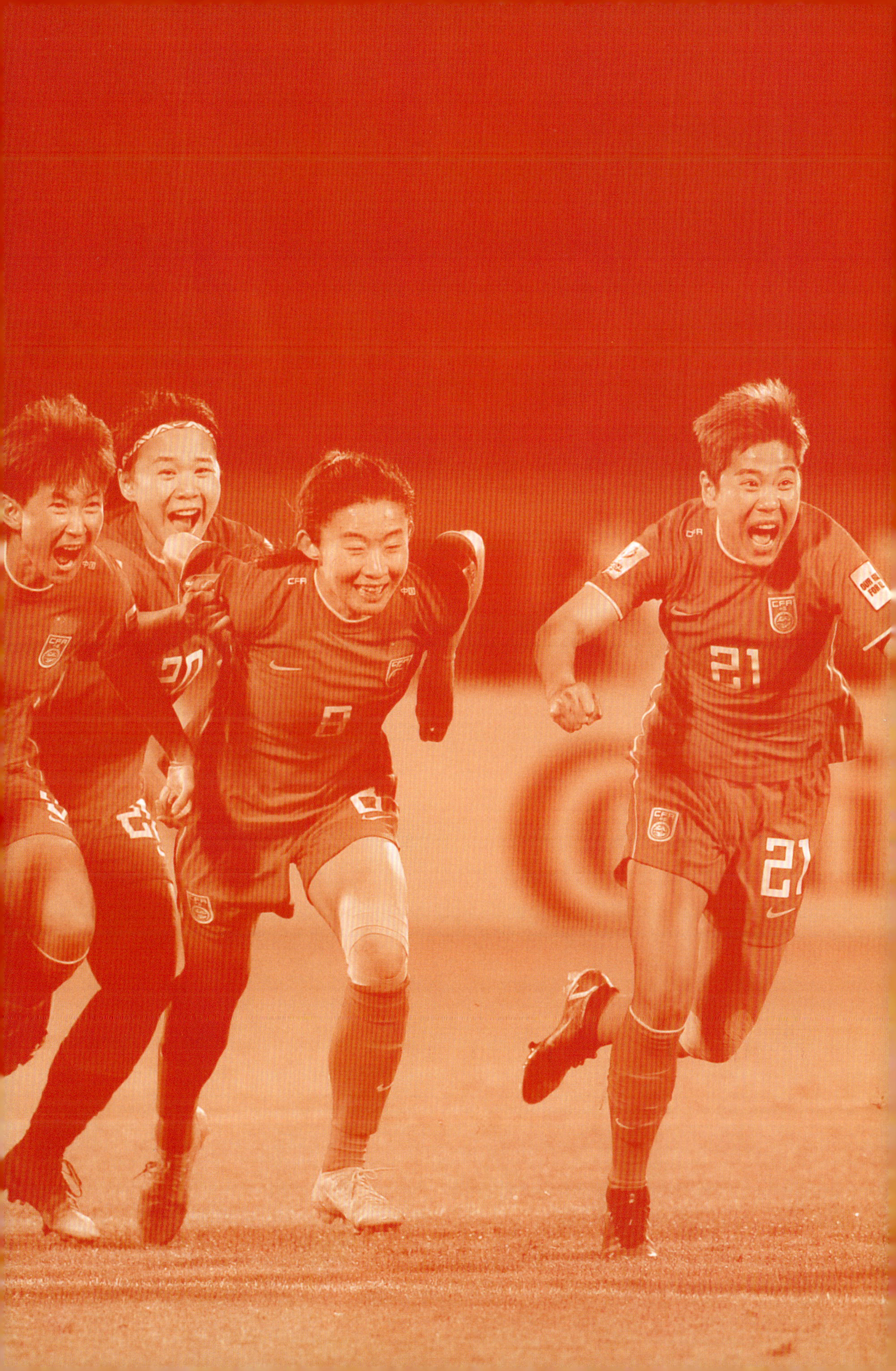
21

女 足 · 她 世 代

"女足记者钉子户"的
三个私藏故事

细水长流的陪伴。

作 者 /
张楠
17年女足跟队记者

从2005年开始做女足报道,当年一起跟女足的同事几乎都已退役转行,大家总笑我是"女足记者钉子户"。

但每当提起笔想写点儿什么,又不知道从何写起。

17年的时间,陪伴中国女足的岁月一如我这17年的职业生涯,巅峰、低谷都经历过,如今变成一种细水长流的平淡。

以前女足记者总是开玩笑,永远都是单位里的边缘记者才会去跟女足,因为关注度远不及男足,但这反倒让我们这些人更加抱团、更加专注地去创造内容,进而让人们更关注中国女足。

为什么要做"钉子户"?我想来讲几个片段。

片段一
八大处体工队狭窄楼道里的
亚洲足球小姐

2018年,我所在的腾讯体育做过一个年终策划,叫作《我18》。因为2000年新世纪之后出生的人,在这一年开始成年,我们不仅关注当下18岁已经崭露头角的年轻运动员,也在一些已经功成名就的运动员中找到了一两个18岁即达到巅峰的运动员。

我第一个想到的就是马晓旭。16岁进国家队,18岁当选亚洲足球小姐。时至今日,她依然是中国女足那么多球员中身体和技术都属于顶级的一个。

马晓旭接受作者采访时拍摄。

认识马晓旭是在 2005 年，她在 U17 亚青赛上大放异彩，之后因为表现出色进入国家队。我们第一次采访是在那一年的全国锦标赛上，北京八大处体工队的楼道狭窄闭塞，走廊上挂满了刚刚洗过的衣服。当然，这场景和我最初对女足环境的认知基本相同。

我俩搬了两把椅子，就在那个闭塞的楼道里聊了起来。我仍记得 16 岁的她眼神中的意气风发。那个时候，我就开始叫她"偶像"。

很快，不出所料，她成了亚洲足球小姐。那个时候，她甚至没有怀疑过自己的未来，她知道，超越孙雯的成就只不过是时间问题。

北京奥运会前的女子热身赛我没在现场，那是她第一次十字韧带断裂，只记得前方的同行告诉我她哭得撕心裂肺的样子。再见她的时候，是 2009 年全运会预选赛，那个时候，她已经第二次十字韧带断裂。见面的时候，她笑我瘦了，我说她胖了。她只是笑笑，眼中闪过一丝忧郁。

再之后，她又经历了一次韧带断裂。我原以为她可能就此放弃自己的职业生涯，但她却重新回到了赛场。这一次，她疯狂减重，在里约奥运会奇迹般地重返国家队。

2018 年那次采访，她 30 岁。身边很多朋友想起马晓旭，第一句都是说："她还踢呢？"每次我都会笑笑，30 岁还在踢球不是很正常吗？只是因为她年少成名，在十几年前就给人留下了那么深刻的印象。

18 岁再也回不来了，但是她却从未离去。

片段二
阿尔加夫公寓里的困惑

王霜还在青年队的时候我就认识她了，当时北京师范大学带她的教练、女足前国脚毕妍告诉我，这个女孩前途无量。

一切如毕妍所说。

王霜靠着她独特的天赋，终于走向了顶级俱乐部和联赛。虽然在她之前，王飞也加盟过豪门俱乐部，但位置不同，大家对她们的期许也不同。

王霜刚到大巴黎俱乐部的时候，我偶尔也会给她发个信息，问候一下她在那边的生活。去大巴黎俱乐部后，再一次见她是在 2019 年的阿尔加夫杯上。跟了那么多年女足，不现场看一次阿尔加夫杯确实有些对不起这份职业，但就是阴差阳错了那么多年，我才第一次去。

那次比赛，中国女足成绩之差，真的让人不忍去回忆。比赛结束，我原本计划第二天晚上坐飞机去巴黎，继续做一些王霜的采访。早上五六点钟的样子，同事给我打电话说在阿尔加夫的机场看到了王霜，因为之前订错了机票，她错过了回巴黎的航班。无奈之下，同事只好把她接回我们酒店。打开门，看到一脸落寞的她，我有点儿心疼。

人们都只看到她在巴黎风光的样子，却不知道为了在那里立足，她经历了什么。

我们在酒店想办法，最终决定叫一辆车把她直接送到里斯本，因为里斯本飞巴黎的航班更多，至少能保证她当天能回到球队报到。

等车的一个小时，王霜坐在我房间的沙发上开始断断续续聊起自己的一些困惑。其实那个时候她也意识到自己状态不好，但原因可能很复杂，不是一两句能够说得清楚的。我记得她说了这样一句话："我原以为我走出来，可能会给很多人带来一些启发，但是好像自己什么都改变不了。"

几天之后，我来到王霜在巴黎生活的地方，位于巴黎郊区的一个小镇。整个镇子就是一条主街通往教堂所在的广场，走在那条主街道上，王霜会给大家介绍这家超市的豆奶好喝、那家的烤鸡很好吃。她自己开玩笑，这一条街上所有的店铺自己都熟悉了。

因为没有驾照，她每天只能坐公车去训练场。我们原以为豪门大巴黎俱乐部的训练场应该不

王霜在巴黎的家附近，带着吴海燕和王珊珊逛超市。

会太差，但没想到跟法国随处可见的社区球场似乎也没什么区别，显然和男足不可同日而语。我曾经去过拜仁俱乐部的训练基地，男女足和篮球队都在一起，至少像一个职业俱乐部的样子。

除了硬件设施的落差，还有生活上的各种不便，语言不同、文化不同，加上每天除了训练，还要料理自己的生活，这些都在慢慢打磨着王霜。

最终她选择了回来，甚至不愿解释回来的原因。回到家乡俱乐部的生活，反倒平静了她的心。转年那个赛季的联赛，她终于带领家乡球队实现了冠军梦；之后，在奥运会预选赛上，我们见到了更加强大的王霜。

其实她不知道，当年大巴黎的经历早已经让很多女足队员燃起了去海外踢球的想法，今天我们看到了唐佳丽、沈梦雨、沈梦露，未来一定还会有更多的人走出去。而如今的她，早不见了当年的懵懂，而是更加坚定地知道自己未来的方向是什么。

片段三
圣地亚哥的晨光

2018年3月，当时在中国足协任职的孙雯在北京开了一次女足青训会。自从张欧影2008年远嫁美国后，我们的联络都是通过网络，我还经常开玩笑说，我要预约他们家混血儿子给我做女婿。那次的青训会也是我们很多年之后再次见面，但匆匆一面后，我再次得知她的消息就是她被确诊为肺癌晚期。

国内的募捐活动我一直在帮忙，还和她当时在国内关系比较近的韩端约好，下半年无论如何要去美国看看她。

这次美国之行被安排在11月，恰好是她生日那周。我和韩端在洛杉矶落地，一路驱车前往张欧影在圣地亚哥租住的公寓。看到我给她带的稻香村点心，欧影笑得眼睛眯成一条缝。

为了让她有一个难忘的生日，在圣地亚哥的华人朋友都来了，有很多是孩子在她执教的俱乐部踢球，也有这些年生活上一起相互扶持的老友。

直到那天晚上我才知道，韩端跟欧影已经很多年没有联系，只是因为刚刚有微信之后，发红包开的一个玩笑闹不愉快，就断了联系。那天晚上，欧影特别开心，吃了好多牛肉，陪我们聊到快十二点。

第二天，欧影妈妈喊我起来，说欧影站不起来了，可能要叫急救车去医院。临上车之前，欧影喊我跟着车。其实我知道她那个时候已经很难受了，但躺在急救车里，她还开玩笑跟我说："你看你这次多合适，赶上美国最贵的一次'叫车'服务。"

我们在那里只待了五天，临走的时候知道她准备尝试一种最新的药，她选择再去搏一次。

一个月之后的一个夜晚，我看到在美国照顾欧影的朋友一直在群里不停发信息，大家急着想

2018 年，张欧影生日那天，她特别开心。

办法去家里接欧影的父亲赶去医院。我没敢再去看信息。

翌日，他们在圣地亚哥的朋友，拍了一张她执教的俱乐部球场上空的晨光，我至今都记得那张照片。

转年的清明节，张家口环线边上的公墓里，欧影的妈妈带我去给欧影扫墓。远远地，我就看到阿姨特意找朋友为欧影雕刻的真人比例雕塑，欧影倒钩的姿势那么栩栩如生，垂下来的右手恰好在一人高的位置，我伸出手握住欧影的手，瞬间泪流满面。

阿姨告诉我，其实欧影一直把"中国女足"这四个字印刻在心里。在那之后，女足获得东京奥运会资格、夺得亚洲杯冠军，欧影妈妈都会发信息给我，替欧影和中国女足高兴。

碎碎念讲了几个故事，她们的经历都有所不同，但却是关于中国女足最真实的故事。女足队员有些从辉煌步入平淡、有些涅槃重生、有些带着不舍离开……

这些年也许你曾经偶尔关注过中国女足，也曾为她们的胜利而欢呼。但请你们的关注再长久一些，去了解更真实的她们。你会看到她们身上的坚韧、热爱，像一道光照耀着我们。

女足・她世代

我们的球队
需要球星

我们无法预料女足能走多远，但我们仍期待姑娘们完成自我超越，也期待一位新的全民偶像的诞生。

作　者 /
施骅伦
亚利桑那州立大学法律博士，《忽左忽右》主播，《翻转体育》主播

球星之于体育项目，如聚光灯之于舞台，是不可或缺的一部分。

2022年4月，中国足协女足超级联赛的揭幕战，短道速滑传奇人物王濛客串了解说员，她在直播里给好朋友周洋现场教学，什么是边线球、什么是角球，努力为刚开始看球的新球迷做项目科普。

亚洲杯夺冠后，女足收获了一些新球迷，这是个好现象。但有些尴尬的是，"国家队热、联赛冷"的现状没有改变。有人吐槽，王濛解说的热度甚至盖过了女超开赛本身。

"99一代"女足的成绩和光芒，让"铿锵玫瑰"的名声传了20年，这也意味着后来者在成绩下滑的情况下，很难走出超越前辈的道路、积累新的名望。

中国女足曾经的主教练之一贾秀全，曾在世界杯发布会上一言激起千层浪："我的球队不需要球星。"但事实恰好相反，尤其是在全球女足运动势起的当下，欧美足坛球星辈出，她们带来的影响是深远的。

中国女足夺得的亚洲杯冠军能引发如此高的关注度，恰恰说明，中国体坛太需要新一批明星出现了。

全球女足势起

千禧年初，WUSA，也就是美国女子联合足球联赛正式推出。

作为世界上第一个全部由职业球员组成的女子

联赛，WUSA 仅仅存在了三年，于 2003 年宣告失败。但是 WUSA 站在一个巧合的历史节点之上：1999 年的第三届女足世界杯刚刚在美国结束，而中国球迷不仅熟悉孙雯，也记住了美国的米亚·哈姆和布兰迪·查斯坦。

其实当时"铿锵玫瑰"的好几位主力球员，像孙雯、蒲玮和张鸥影，都留在美国加入了新成立的 WUSA。再算上日本女足传奇泽穗希，以及英格兰女足名宿凯莉·史密斯，WUSA 存在的几年，可谓聚齐了世界女子足球的星光。它的另一个意义，是恰好可以通过这些因 WUSA 而相聚的球员，对比一下各国女子足球造星路线上的差异。

先从东道主美国开始。

美国女足的明星当然和国家队的成绩牢牢绑定，但在此之上又多出一条个人主义与性别运动的支线。在 1999 年击败中国女足夺得世界杯冠军的那支球队中，米亚·哈姆和布兰迪·查斯坦这些球员都成了一代女足超级明星。

其中布兰迪·查斯坦的例子格外有趣。她在 1999 年决赛后脱衣庆祝的照片，被《体育画报》用上了封面，也成为美国体育史上知名度最高的封面之一。《体育画报》以大胆著称的泳装系列，加上这份杂志长久以来由男性主导的写作和编辑文化，都让它在 20 世纪 80—90 年代被视为体育报道中缺乏女性视角的代表案例。

虽然查斯坦本人事后在采访中对脱衣庆祝并没有做过多解释，但这次无意而为之的释放，成为美国女足运动员挑战主流女性运动形象的一个开始，也给查斯坦创造了一个全美家喻户晓的公众形象。查斯坦并不畏惧镁光灯带来的压力，之后还大大方方为男性杂志 *Gear* 拍摄过全裸封面。

这种对边界的挑战似乎刻在了美国女足的基因里，一代代传到现在。诚然，美国女足球星并非始终保持着叛逆的形象：米亚·哈姆和亚历克斯·摩根所代表的美国女足甜心，笑容美丽、努力刻苦，拥抱家庭和母亲的身份，也收获了商业价值的回报。但是整体看来，布兰迪·查斯坦和梅根·拉皮诺这样象征着女性力量的球员更为突出。查斯坦本人在 2019 年公开支持以拉皮诺为首的美国女足球员的平权和 Equal Pay（同工同酬）抗议活动，完成了两代人的传承。

不过，像查斯坦和拉皮诺所代表的这种女足开拓者气质，并非美国女足的专利。

WUSA 的国际球员中，英格兰的凯莉·史密斯日后转型成了解说员，同为英格兰女足名宿的亚历克斯·斯科特更是打破天花板，成为 BBC（英国广播公司）等媒体的常驻嘉宾，并解说男足比赛。

英国和美国的情况不同，足球历史悠久，女足活跃的时间也更长，但依然出现了女足明星作为女性主义代表的现象。所以从更大的维度上看，似乎英美女足明星都在场下和社会的女性运动进行了结合。女性群体的态度深刻影响了女足球星的公众形象。

专栏

WUSA中来自亚洲的女足明星，则走出了一条和英美女性主义完全不同的路线。

当时活跃在WUSA的日本女足球星泽穗希，在美国踢了很多年球，也长期担当着日本女足的主心骨。日本的女子足球顶级联赛和国家队都有"大和抚子"的绰号，在文化上也很凸显日本特色：2004年WUSA解体后，泽穗希虽然选择了回到日本继续踢球，但她也一度有过直接退役，嫁给美国男友相夫教子的想法；2011年日本女足夺得世界杯冠军后，主力球员宫间绫第一时间向美国队门将和她的好朋友霍普道歉，居然是因为击败了对手。

但日本女足也在变化，2011年击败美国队夺得世界杯冠军，不仅在3·11大地震后深深激励了一代日本人，也稳固了日本女足在国内的地位。相较于此前只有泽穗希一人出海的局面，2011年后，更多日本女足球员走向海外，从宫间绫到岩渕真奈，已经完成了球星的老少更替。

2021年，"大和抚子"联赛正式被WE联赛取代。WE联赛的名称来自英文单词Women Empowerment，即女性赋权，至少从名称上看，从大和抚子到女性赋权，日本女足整体的公众形象已经出现明显的变化。

在2011年冠军球队阵容中，永里优季的例子格外特殊。除了多年的海外职业生涯，永里优季还在2020年加盟日本的男足俱乐部隼鸟十一人。她在采访中明确提到了美国女足球星拉皮诺的平权运动给她带来的影响。虽然永里优季效力男足的这段经历仅仅维持了几个月，而且她主要是通过哥哥作为俱乐部球员的关系完成了这次"转会"，但永里优季的公众形象显然已经和前辈泽穗希截然不同，这也反映了日本女足球星的形象转变。

69

亚历克斯·摩根

亚历克斯·斯科特

凯莉·史密斯

宫间绫

梅根·拉皮诺

泽穗希

米亚·哈姆

布兰迪·查斯坦

断档的球星

回到中国女足身上，参与 WUSA 的中国女足球员其实很多，比起泽穗希作为日本的独苗，当时孙雯、浦玮、范运杰、张鸥影、高红、赵利红和白洁 7 名老女足国脚，都亲历了世界上第一个女足职业联赛的诞生和终结。这一批球员当时还要兼顾国家队的任务，比如 2000 年的悉尼奥运会，以及 2003 年因为 SARS（非典型肺炎）从中国临时搬到美国的世界杯，但最终都没能拿到好成绩。

随着"黄金一代"的陆续落幕，中国女足在成绩上陷入了持续的下滑和停滞状态，留洋也逐渐成为散兵游勇式的单打独斗。马晓旭和韩端都有过短暂的留洋经历，但随后都为了包括北京奥运会在内的国家队任务让步。

可以说 21 世纪第一个十年，中国女足和日本女足一样，在海外踢球的球员很少，但随后十年，一个是越来越少，一个是越来越多。韩端和宫间绫曾经在洛杉矶太阳队当过队友，而且两人都在一年后回国，但是时间线拉长后，相比日本的女足姑娘，中国女足球员的留洋之路总显得坎坷许多。

从当下的现实情况出发，中国除了男足、男篮、乒乓球、女排等关注度较高的项目，其他项目都很依赖国际大赛带来的曝光度。如果无法通过奥运会和各项目的世界大赛获得出众的成绩，那么在余下的时间，运动员想获得媒体关注度，几乎只能各凭本事了。

留洋就是一个自己给自己造势的机会。对于过去十几年里成绩无法达到国人期望的中国足球而言，无论男女球员，留洋不仅是一个职业道路的选项，更是一个有新闻价值和话题热度的事件。

从成本角度看，和十几年前国人依赖门户网站追踪孙雯、马晓旭、韩端在海外的表现相比，随着移动互联网的发展和欧美女足社交媒体的建设，中国球迷已经可以自发追踪王霜和唐佳丽在欧洲球队的表现。世界通过网络而连接，女足球员也不用担心自己远在海外会缺乏关注度。

由于足球是团队运动，再加上中国男女足强调集体的背景，中国女足球员选择留洋本身也是一条脱颖而出的捷径。这当然有时代的特殊性。早在 21 世纪初，中国球员留洋数量很多，单个留洋球员并不会受到过多的关注，但是到前两年，当只剩武磊和王霜作为男足和女足的留洋独苗时，他们无疑成为外界唯一能关注的焦点。不同于凭借个人项目在海外享有盛誉的中国顶级女运动员，像李娜和张伟丽，基本只需要做好自己就可以保证关注度，获得广泛关注对于在海外"单打独斗"的女足球员而言依然是一种奢望。

那如果不留洋呢？留在家门口踢球的女足球员，曝光度可能还比不上留洋球员。这并非因为成绩或实力,从商业角度衡量,女超联赛的开发几乎只能算是男足的附庸。21世纪初,在中国养一支女足球队一年的预算不过是几十万人民币,可能还比不上一名一般男球员的年薪。江苏苏宁男足在2019年中超夺冠后的就地解散,震惊了一批球迷,但是成绩优异和"无家可归"并存的矛盾在女足这里早已是家常便饭,像女足队长王珊珊在短短几年里已经"流浪"过天津、大连和北京的球队了。

对于吃青春饭的运动员而言,这种大环境问题不仅影响生计,也让媒体的持续关注显得不切实际。马晓旭曾跟媒体诉过苦,她在女超联赛出场了多少次、到底有多少进球,这些信息不仅她自己不知道,甚至很可能官方也没有准确统计,而马晓旭已经是中国女足过去十几年里的明星之一。很多球迷可以对"梅球王"年度91球赛季中的每一球如数家珍,但是能报出马晓旭进球数据的人几乎没有。缺乏合适的土壤,是中国女足运动员必须面对的现实。

成为明星运动员,除了成绩优异,也可以用上场外的个人魅力。张伟丽是个不错的例子:在夺冠后,她度过了商业上梦幻的一年,有雅诗兰黛的化妆品代言,也有《拳力以赴的我们》这样的综艺邀约。

在传统意义上,张伟丽是非典型的中国运动员,人在体制外,从事的是小众项目。她的成功展示了一种新的可能性:在出成绩的前提下,女性运动员完全可以在这个时代成为中国体育的门面。虽然查斯坦和拉皮诺的个人发展路径,中国球员很难参考,但被市场认可的女性主义叙事早已经通过张伟丽的例子在中国落地,并且产生了巨大的明星效应。

2022年初,亚洲杯夺冠之外,中国女足经历着很多变化。

懂女足的人获得了更多的话语权。水庆霞自不必说,经历过1999年世界杯的"铁卫"范运杰,执掌了河南建业女足,而来自香港的陈婉婷,已经为江苏女足带来了新气象。

男足的日子更难了。曾经辉煌的广州队陷入僵局,而俱乐部欠薪几乎成了中国足球的一个标准配置,这种财务困难当然也会连锁反应到女超和女甲身上。

无论如何,球员们在沿着自己的人生路继续向前。决赛中打入点球的唐佳丽在夺冠后连夜赶回英国,继续留洋生涯。小将张琳艳离开混乱中的广州女足,在客座解说员王濛面前完成了新赛季的首秀。曾经和王濛一样被称为"假小子"的女足老将马晓旭,正在向教练转型。

2022年的亚洲杯冠军,帮助中国女足锁定了2023年世界杯的入场券。我们无法预料女足能走多远,但我们仍期待姑娘们完成自我超越,也期待一位新的全民偶像的诞生。

2018年夏天，23岁的王霜加盟巴黎圣日耳曼女足。

2019年6月13日，法国巴黎，2019年法国女足世界杯小组赛，南非女足0∶1中国女足，王霜主罚角球。

女足・她世代

还是得去现场看球

如果你关注她们在联赛上的表现，就会意识到，这一切从来都不是意外。

作　者 /
付茸
翻滚坚果主理人

回忆了一下，我上一次去现场看球，已是2019年12月1日——那是北京国安队的主场工人体育场改造前的最后一场比赛。谁也不会想到，我们会在此之后两年多都没有现场看球的机会。

再次走进现场，就是2022年4月7日女超联赛的揭幕战了。

疫情会不经意间改变人们的很多习惯。比如失去主客场的三年，人们会不会渐渐意识到，看球这件事实际上没那么重要了。直到春节期间，中国女足两场逆风翻盘的胜利掀起了全民关注——不管足球这项时间与空间的游戏被人为地赋予了什么样的意义，一项运动的内核一定是相通的情感体验——关乎团队，也关乎英雄个人；血性与韧劲；摧枯拉朽或是绝处逢生；以及更重要的是，与逆境相处的智慧。

这个时候，与其说是中国女足需要我们，倒不如说是我们需要中国女足。

2022年的女超联赛迎来了可能是有史以来最大的直播阵仗，多家新媒体平台同步直播，中央电视台体育频道特意让出同时段的CBA（中国男子篮球职业联赛）比赛，将电视画面留给了女超联赛揭幕战。

常常有人说，女足的对抗性不强，观赏性差。但是当你真的置身于球场之中，把90分钟的情绪和感受留在赛场内，你绝对会感知到属于女子足球的精彩。

女超比赛第一日，江苏无锡女足主帅陈婉婷大胆启用一批U21球员，上演"青春风暴"；山东体彩女足队员张睿贡献了一脚贝克汉姆式的中场40米开外吊射破门，那场比赛对战双方共进4球，个个堪称神仙球；武汉车谷江大女足完胜陕西长安竞技女足，但纸面实力处于下风的陕西队球员依然踢出了一场精彩的揭幕战……

"她们生而面对稀缺的资源、疲弱的支持体系、昙花一现的关注度，却深知每往前走一步都是自己的努力换来的。"中国女足亚洲杯夺冠后，足球记者王勤伯在专栏中写道："谁也无法解释在面对强敌的关键时刻，她们到底如何能够拥有如此之多的、男队所缺乏的勇气和胆识，去实现那些令人佩服的人球分过、飞堵枪眼、小个子重头槌……"

如果你关注她们在联赛上的表现，就会意识到，这一切从来都不是意外。

专栏

79

2022年8月，中国女足球员李梦雯开启留洋之旅，租借加盟法甲豪门巴黎圣日耳曼俱乐部。

专栏

江苏无锡女足主教练陈婉婷

北京女足助教马晓旭

河南建业女足主教练范运杰

陕西长安竞技女足主教练刘华娜

女足・她世代

女子足球的新纪录
——91,648

这不仅仅是一支球队的胜利，也是女子足球的胜利。

作 者 /
付茸
翻滚坚果主理人

91,553。91,648。

这是接连刷新的女足比赛上座人数。

2022 年 3 月 31 日，在欧洲最大的诺坎普球场，巴塞罗那队对阵皇家马德里队的女足欧冠比赛，涌进现场的 91,553 名球迷打破了 23 年前留下的女子足球比赛上座人数纪录——那座巅峰要追溯到 1999 年世界杯决赛，当时共有 90,185 名球迷在玫瑰碗体育场见证了中美女足对决。

仅仅三周之后，巴塞罗那队在同一个场地吸引了更多的观众——91,648 人，再次创造历史。

《卫报》登出标题：改变女子足球的一个前所未有的夜晚。文章写道，这并不是刚刚发生在女子运动中的事情，这是几十年来"战斗"的结果。

此前女足联赛现场上座最高纪录，是三年前巴萨和马竞在马德里竞技队主场大都会球场创造的 60,793 人；上一个女足欧冠的观众纪录创造于 2012 年，里昂队对阵法兰克福队，50,212 名球迷在现场见证；而上一个女足奥运会比赛观众纪录创造于伦敦奥运会，有 80,203 名球迷现场目睹美国队战胜日本队夺金。

超 9 万人，是诺坎普整个赛季所见证的最多的人群，比男足的国家德比还多出 5,000 人。巴萨女足的主场一直在仅可容纳 6,000 人的约翰·克鲁伊夫球场，虽然这不是巴萨女足第一次在诺坎普比赛，但这是她们第一次在如此多的球迷面前这样尽情表演。

这场女足欧冠比赛的球票价格在 9 到 15 欧元之间，这比男足比赛便宜得多。球票只用了三天时间就卖光了，而且是在开赛前两个月。到了这时，每个人都知道创造新纪录是可能的。

开赛前三天，巴萨俱乐部主席拉波尔塔在直播中呼吁所有拥有门票的球迷出席比赛。俱乐部在《加泰罗尼亚日报》上刊登了整版广告，口号是"让我们打破世界纪录"。他们的明星球员——国际足联金球奖得主阿莱西亚·普特拉斯的巨大横幅被挂在诺坎普的一侧，俯瞰着城市的一条主干道，一幅阿莱西亚装扮成女超人的绘画也在巴塞罗那的一个广场上揭幕。为了大力宣传这场比赛，赛前一天，巴萨男足名宿普约尔特意在训练场为姑娘们做了激励演讲。

巴萨女足正在成为欧洲有史以来最好的女足球队之一——2020—2021赛季欧洲冠军，连续三个赛季联赛冠军，2021—2022赛季联赛30轮全胜。

而这距离她们的第一场比赛，已经过去了50年。

20世纪70年代，巴萨女足初具雏形，但球队直到1980年才被纳入西班牙足协。1988年，巴萨女足成为国家联赛（现在称为Primera División）的创始成员，那是第一个被西班牙足协承认的女子联赛。她们在20世纪90年代初曾有过三年的成功经历，但随后就衰落到了积分榜末位。

到了新世纪，巴萨女足正式成为巴萨俱乐部的一个部门，并于2015年开始职业化改革。通过将女足与男足基地融合，让女孩们进入拉玛西亚基地，给予了她们在天然草皮上训练和成长的机会。要调整的还有女足的球队组织结构，巴萨俱乐部对照男足配置，组建满员的教练、管理及保障团队。除了助理教练、守门员教练，体能师、营养师、心理辅导师、战术分析师和策略保障人员也一一配置，另外俱乐部还配置了针对国内和海外的球探部门。俱乐部每年的预算达450万欧元，这在女足领域已是不小的数目。

巴塞罗那从上到下、从管理层到球迷，都可以说是一个非常有身份意识的俱乐部，能够成为历史的一部分，让每个人都很兴奋。开赛前，成千上万的人在球场外挥舞着他们的旗帜和围巾，到处都是焰火，所有球迷和所有球员都是参与者。即使是皇家马德里队的主教练，也称这是"一个伟大的场面，一个女子足球的嘉年华"。

终场哨声响起时，一些巴萨队球员跪倒在地，支持者们起立鼓掌。球员们绕场一周，久久不愿离去。巴萨队主教练乔纳坦·吉拉尔德斯说："我在赛前告诉球员，今晚仅仅获得资格是不够的。我们必须为我们的球迷做一场表演——我们做到了。"

她们知道自己走了多远。曾经的简陋设施、业余游戏、无人问津，已经一去不复返。

变革

女足比赛上座人数纪录

2022 年	巴塞罗那队 vs 沃尔夫斯堡队	诺坎普	欧冠	**91,64**
2022 年	巴塞罗那队 vs 皇家马德里队	诺坎普	欧冠	**91,55**
1999 年	美国队 vs 中国队	玫瑰碗	世界杯	**90,185**
2022 年	英格兰队 vs 德国队	温布利	欧洲杯	**87,192**
2012 年	美国队 vs 日本队	温布利	奥运会	**80,203**

#91.648

2022年女足欧洲杯决赛，
创下欧洲杯男女足赛事现场上座纪录。

変革

女 足 · 她 世 代

赛场之外，
女足的同工同酬之战

她们值得。

作　者 /
付茸
翻滚坚果主理人

这绝对称得上是美国女足过去六年来最伟大的胜利。

2022 年 5 月，美国足协通过了新的集体谈判协议，将在包括世界杯在内的所有比赛中，实现男女足国家队的薪酬平等。新的协议于 6 月 1 日生效，并将持续到 2028 年底。

而在三个月之前，美国足协和美国女足国家队达成了和解，美国足协将赔偿 2,400 万美元，结束这场长达六年的同工同酬法律诉讼案。

在新的集体谈判协议之下，美国男足和美国女足将获得国际足联在 2022 年和 2023 年世界杯上支付奖金的 90%，以及 2026 年和 2027 年世界杯奖金的 80%。这些资金将在两支国家队中平均分配。

在其他国家队赛事中，美国男足和美国女足也将基于表现获得相同的奖金。此外，两支球队还将平等分配商业收入和门票收入。

要搞清楚这意味着什么，得先理解此前美国女足的薪资待遇是怎样的，她们争取的薪酬是由哪一部分薪资构成，她们为什么值得同工同酬，以及这份难得的胜利能够给关心中国女足的我们带来哪些启示。

美国女足的薪酬
是如何构成的？

美国足协是美国足球运动的管理机构，也可以看作是男女足球国家队的雇主。这场争取同工同酬的斗争始于 2016 年，当时亚历克斯·摩根、梅根·拉皮诺、霍普·索罗等五名明星球员向平等就业机会委员会提出申诉，指控美国足协存在工资歧视。根据她们当时的说法，在训练营期间，她们被少支付了奖金、出场费甚至饭钱，并且她们的收入只有男子国家队球员收入的 40%。

美国男足球员的薪酬由征召费、比赛出场费、奖金三部分构成。而美国足协在 2005 年的集体谈判协议中，首次为美国女足国家队设定了全年工资。这是由于当时女足联赛整体的市场环境限制，女足球员能够选择的俱乐部非常少。她们面临的情况是：如果只为国家踢球，就没有稳定的经济收入；如果边工作边踢球，当长达一个月的比赛周期来临时，她们又通常不得不辞去工作。

自 2005 年以来，美国女足国脚的每一份合同都是建立在这种基本的工资结构之上的。受薪球员每年赚取 10 万美元工资，而非受薪球员每场比赛赚取 3,250 至 4,500 美元，这取决于合同的年份和球员的"级别"。

但随着美国女足联赛的发展，越来越多的球员已经能够从俱乐部比赛中获得稳定薪酬。此前美国女足国家队有资格领取全年工资的球员数量减少了（到 2021 年为 16 人），而完全依靠征召费 + 比赛出场费 + 奖金（和美国男足国脚相同的薪酬构成）的非工资球员数量增加了。

分歧出在哪儿？

分歧就出在奖金这一部分。无论是在舆论场还是在法律文件中，美国女足都坚持，美国足协从未为这部分绩效奖金提供相同的美元数额。

两支国家队各自设定了三个级别的对手——对于女队来说，顶级对手在国际足联的世界排名是第 1—4 位，男队是第 1—10 位，这反映了男队有竞争力的球队数量更多。中层的对手，女队是第 5—8 位，男队是第 11—25 位，底层的对手由之后的所有球队组成。

根据 ESPN 于 2022 年初的统计，男足的最高和最低奖金都明显较高。男子的最高友谊赛奖金为 17,625 美元，是女子最高奖金（8,500 美元）的两倍多。男子仅因与底层球队打成平手就可获得 6,250 美元的奖金，而女子在同样情况下则没有奖金。

因为两支球队参加的比赛不同，每支球队还有权获得专属奖金。例如，美国女子国家队可以因为拿到奥运会资格而获得 50 万美元的团队奖金，如果赢得了金牌，那每个球员都会获得 10 万美元奖金，银牌和铜牌的奖金分别为 55,000 美元和 25,000 美元。由于美国男足成年国家队不参加奥运会（奥运会男足比赛仅限于 U23 球队），所以男足的合同中不存在这部分奖金。

男足会因参加中北美洲及加勒比海地区金杯赛而获得奖金。其间每赢得一场比赛，每名球员可获得 17,625 美元。女足也参加这项赛事，但她们无权获得比赛的个人奖金，除非它同时是世界杯的资格赛。

最大的分歧出现在世界杯的奖金分配上，同酬诉讼也集中在这部分。

从世界杯预选赛开始，男队可以在每场预选赛中获得 250 万美元，而女队在同样的情况下只能获得 75 万美元。在世界杯比赛中，男子球员每场比赛的赢球奖金为每人 18,125 美元，但女子球员每场胜利只能获得 3,000 美元。

如果赢得世界杯冠军，女足可以获得 253 万美元，但男性在决赛前的每个阶段都能获得丰厚的奖励。仅仅进入 16 强，美国男足就能获得 450 万美元，1/4 决赛金额是 500 万美元，而半决赛则是 562.5 万美元。

在上一个世界杯周期，国际足联向赢得 2018 年男子世界杯的球队（法国男足）提供了 3,800 万美元的奖金，而向赢得 2019 年女子世界杯的球队（美国女足）提供的奖金仅为 400 万美元。总的来说，国际足联为男子世界杯提供了总共 4 亿美元的资金，而为女子比赛提供的资金只有 3,000 万美元。

女足奖金少是因为市场化不行？

在美国足球市场上，这一论点显然立不住。美国女足连拿 2015 年和 2019 年两届世界杯冠军，而美国男足连 2018 年世界杯预选赛都没能突围。

绩效奖金可以奖励球员在赛场上的成功，而当赛场上的成功转化为前所未有的商业成功时，又该如何分配？

在美国女足之前的合同里，她们并不被允许获得任何额外的商业奖励。当美国女足球衣被抢购一空时，这些钱并没有分给球员。当女足国家队的比赛在国内创下了上座率纪录，她们同样只得到了很少的门票销售分成。美国女足国家队比以往任何时候都更受欢迎，但这些钱全都进入了美国足协的口袋。

《华尔街日报》获得的美国足协审计过的财务报表显示，近几年来美国女足国家队创造的收入已经反超了男足。2016 年至 2018 年，美国女足国家队带来的收入达 5,080 万美元，男足国家队带来的收入则为 4,990 万美元。单看 2016 年，女足国家队创造的收入就比男足国家队多出 190 万美元。

"他们都在通过我们的脸、我们的形象和我们的价值来赚钱，但我们自己却没有收益。我们只能通过赢球得到钱，这似乎不对。"当时美国女足国家队的一位球员说。

美国女足国家队的商业利益无法兑现，这促使球队在 2017 年劳资谈判时做出了改变，就是推出自己的商业部门，控制肖像权，推出授权计划，球员的名字和肖像可以出现在从袜子到 NFT（非同质化代币）的所有东西上，而球员可以获得分成。

美国女足联赛工资体系变革

第一部分我们提到，由于此前女足联赛发展不稳定，还有一部分女足国家队球员是从美国足协领取工资的。值得注意的是，这部分工资也包括了球员在俱乐部效力的工资。不过，这一情况从 2022 年开始发生了变化。

美国足协在 2012 年推出了全新的美国女足联赛 NWSL（国家女子足球联赛），并在 2022 年之前一直对该联赛进行管理，提供财政支持。新的集体协议签署之后，美国足协将不再支付女足国家队球员的联赛工资。

这对所有相关方来说都是一件大事。对美国女足联赛来说，需要更充分地实现自我造血。

2022 年 2 月，NWSL 推出了全新的劳资协议，其中规定俱乐部的最低工资为 35,000 美元，增长了近 60%。除工资增长以外，所有球员还将看到从 2023 年开始的配套退休基金供款、人寿和健康保险以及住房津贴。该协议还包括 8 周的育儿假和长达 6 个月的带薪精神健康假，以及关于运动场安全和医务人员的规定。

同时，在俱乐部购买昂贵但极具天赋的球员时，NWSL 还将为其提供分配金。

2022 年 2 月，NBA（美国职业篮球联赛）球星罗德曼的女儿崔妮蒂·罗德曼与华盛顿女足签订了一份为期四年、价值 110 万美元的合同，由此成为联盟历史上收入最高的球员。在这份合同中，俱乐部就可以使用分配金来支付罗德曼高于联盟工资上限（5 万美元）的费用。每支球队有机会获得 40 万美元的分配金。

如今在 NWSL 的赞助商名单上，你能看到百威、耐克这样的品牌。此外，NWSL 还与 CBS（哥伦比亚广播公司）和 Twitch（流媒体视频平台）签订了版权合作协议。欧洲资本也在将目光投向美国女足市场。2020 年，法国里昂集团以 315 万美元收购了 NWSL 西雅图队 89.5% 的股份。

虽然对 NWSL 营收数据的披露仍然较少，但我们可以看到，无论是版权合同、赞助商阵容、涌入的新投资方，还是球迷上座率，都证明了女子足球联赛正走在健康的运行轨道上。

只能眼看着我们和
美国女足的差距越拉越大吗？

中国女足国脚的收入构成整体可以分为三个部分：体育总局基础工资和奖金、国家队补贴、俱乐部比赛奖金收入。

在中国女足亚洲杯夺冠后，大赛奖金被摆在了明面上。除去亚洲杯赛事冠军奖金 100 万美元以及赞助商提供的奖金，《北京青年报》透露，中国足协这一次给女足提供的奖金很可能超过 1,000 万元，也就是不低于给中国男足承诺过的 12 强赛赢球奖。这便是同工同酬的应有之义。

最近女足收获的关注度空前地高，网络上的争议也前所未有。有人称，女足比男足更能在亚洲取得成绩，"那是因为西亚国家女性不参与足球"。当种种社会枷锁将部分女性排除在体育之外，另一部分取得成绩的女性还要接受诸如此类的冷嘲热讽。如果仍然看不到女性参与体育的不平等之处，那就是故意视而不见。

无论是赛场内的拼搏，还是赛场外的同工同酬之战，美国女足取得的成就是全民努力的结果，这离不开球员、俱乐部、联赛、赞助商、转播机构、投资方以及每一个球迷的关注和支持。世界女足纷纷破釜沉舟之际，我们的联赛仍在艰难中前进。这个问题很难解，但依然与你我有关。

女足观赏性强不强、市场好不好、值不值得同工同酬，可以说是一个最后的结果。前提是：大众对女性参与足球的偏见有没有改变？社会有没有提供足够的机会和资源让她们去参与体育？她们的媒体曝光度足够吗？你会购买她们的球衣，走进球场去看她们的比赛吗？

女足·她世代

一个美国作家的
中国女足执念

**1999年世界杯后，美国人都在庆祝，
他却只想找到那个罚丢点球的人。**

作　者/
付茸
翻滚坚果主理人

非虚构作家盖伊·特立斯在很多个场合提起过这一幕：1999年7月的一个星期六，他当时正在电视机前看洋基队的一场棒球比赛，那天还有另一场声势浩大的比赛——美国女足对阵中国女足的世界杯决赛。于是电视画面就开始在棒球和足球间来回切换，"我不想工作，这样就能让我的脑子从自己那悲惨的人生里多少脱开一点儿"。

那时，盖伊·特立斯的一系列非虚构作品，包括从性道德视角窥视美国社会变迁的《邻人之妻》和讲述意大利裔美国人移民故事的《为了儿子们》等作品，已经让他声名赫赫。

但是，在花了十年时间写完《为了儿子们》之后，他发现自己已经疲惫不堪。

他的新书原本应于1995年出版，实际上进展得并不顺利。

在20世纪90年代，盖伊·特立斯对一系列主题进行了长时间的调查。他与受伤痊愈后成为影视明星的约翰·韦恩·博比特相处了一段时间；他还研究了一栋建筑的历史，自1907年以来，这栋建筑里有10家餐馆，但所有这些餐馆都以惊人的方式失败了。这些题材看似毫无关联，却都有一个主题贯穿其中：失败和重建的过程。

在写这本书的时候，盖伊大部分时间都很沮丧，正如他所描述的："写作就像在隧道中熄灯行驶。你并不真正知道你要去哪里，而且它从来都不是一条直路。"

直到他的视线重新回到那场女足世界杯决赛。在经历了加时赛之后，比赛来到了点球大战阶段。中国队的13号球员罚丢了那粒关键的点球，全

世界都将目光投向了布兰迪·查斯坦脱衣庆祝的画面。盖伊想知道，这个踢丢了点球的人是谁？她将如何处理回国后不可避免的恶名？

但是第二天的报纸上却没有任何关于这位13号球员的报道。他向时代公司的总编辑诺尔曼·珀尔斯坦提出了报道中国女足的想法，然而没有人感兴趣。

这成了盖伊心中的执念。13号球员刘英，让他找到了多年来一直没有找到的叙事线索，他坚信，这位女足姑娘的经历，不仅能够揭示她自己的生活和时代，而且能够揭示一个作家所承受的痛苦的自我怀疑。

在女足世界杯比赛结束后不久，他的挫折感越来越强烈。三个月后他决定飞往中国，尽管他一句汉语也不会，也不认识任何人。

"我对他们一无所知。我的计划是去见一个能让我联系到刘英的人。但这个人是谁呢？我相信，俄勒冈州的一个人也许能够帮助我，那就是耐克公司的创始人兼首席执行官菲尔·奈特。因为我知道该公司在中国发展得很好，生产了大量球鞋，雇用了数千名中国工人，我想到这可能是联系的途径……"

在北京待了一个多星期后，他收到了耐克公司中国办公室王晓平发来的消息。通过王晓平，盖伊见到了中国足协的官员。

他原本只打算在中国访问几周，最后却待了四个月。盖伊不仅跟随女足进行了一系列采访，还一路跟随球队前往观看了在葡萄牙、美国和澳大利亚的比赛。

悉尼奥运会之后，盖伊在北京的先农坛体育场和当时的国家队主教练马元安聊天。"我听说他喜欢写别人不愿意写的东西，"马元安后来说，"世界杯之后，所有人都在写美国队，但他却在写刘英。"

盖伊找到了刘英的母亲，她说她为自己和女儿的痛苦而哭泣。她还记得那场决赛结束后的第二天早上，刘英抽泣着给家里打电话，一遍又一遍地说："都是我的错。"

"回国的路上，我不希望这架飞机到达北京。它应该永远留在天空中。"刘英后来这样跟盖伊描述自己的心情。

盖伊在他厚厚的通讯簿里，收集了中国女足相关的剪报，并详细记录了1999年以来他每一次采访中国女足的行程。那时候他并不清楚自己要写什么，但盖伊说他的书一直是这样的：他对一个普通人感兴趣，她的经历可能反映了她的国家和时代。

遗憾的是，这个故事并没有好莱坞式的结局。复仇之战并没有上演，原定在中国举办的2003年女足世界杯由于SARS而易地美国。伤病结束了刘英的职业生涯，她在电话中告诉盖伊，以后她希望成为一名体育教师。

非虚构写作者何伟的一篇文章记录了盖伊和刘英两人在先农坛体育场见面的过程，他在其中写道："年轻的球员罚丢了点球，但后来仍然在球场上努力证明自己；年老的作者已经八年没有新作品了，但一直在伸出触角，寻找新的故事。"

在中国的经历鼓舞了盖伊·特立斯，他开始看到他的拼图中不同的部分是如何组合在一起的。这些碎片加起来就是一个作家的生活——失望、死胡同、被拒绝和绝望，以及一窥其他人生活的特权。如果运气好的话，它们也会成为一本好书。刘英的故事，在盖伊后来的著作《作家的生活》（A Writer's Life）一书中，占据了最后 55 页的篇幅。

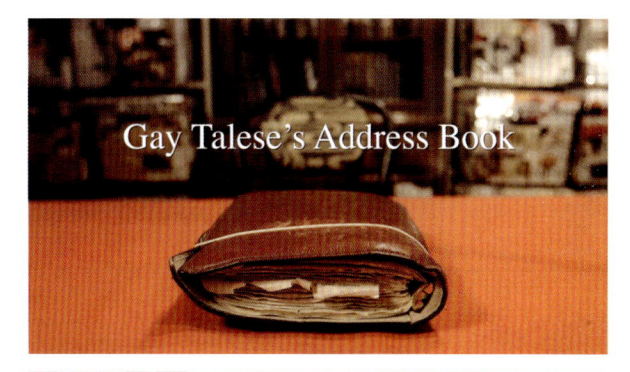

图片为 2014 年 ESPN 拍摄的纪录片 Gay Talese's Address Book 的视频截图。

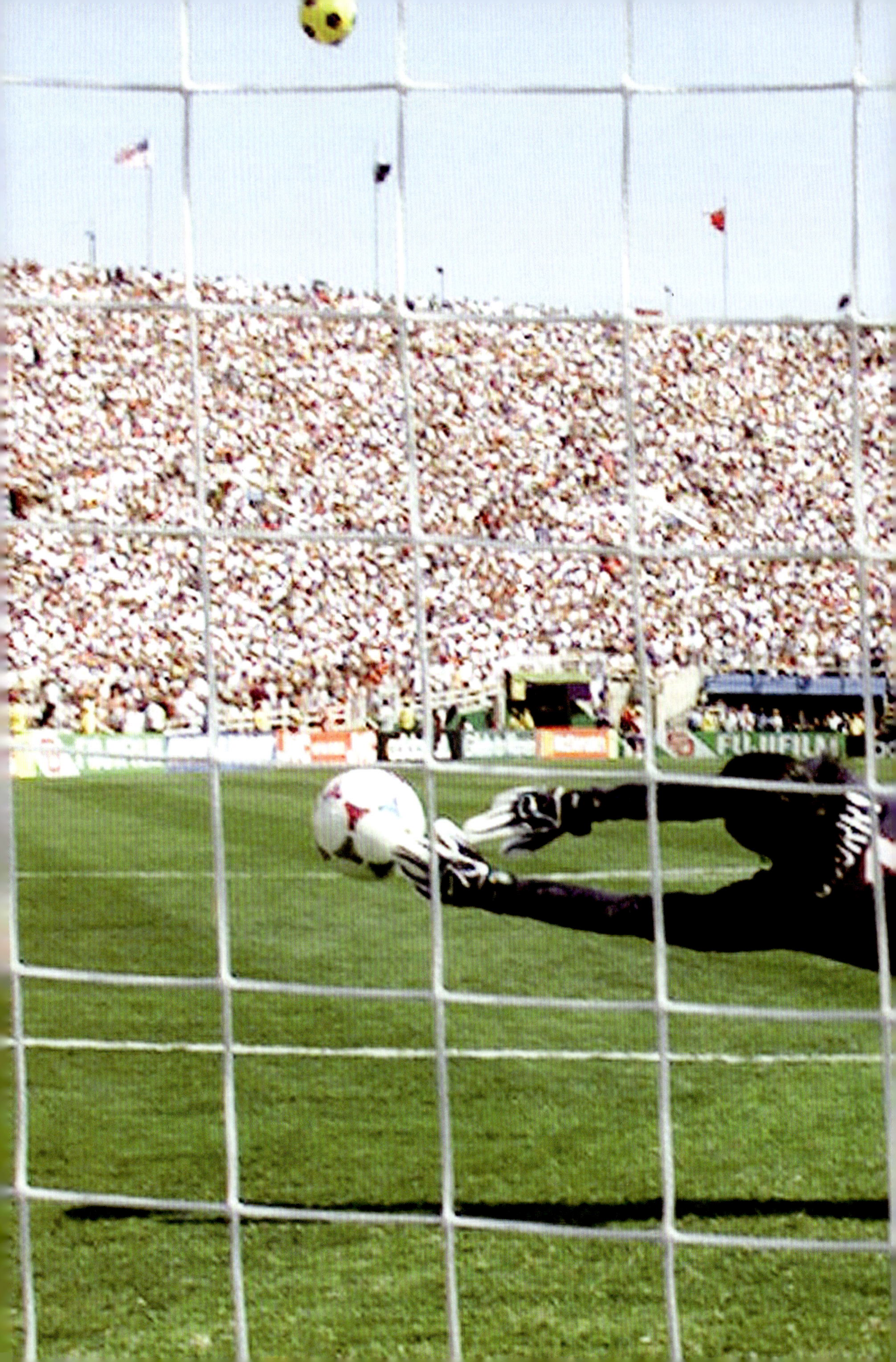
FUJIFILM

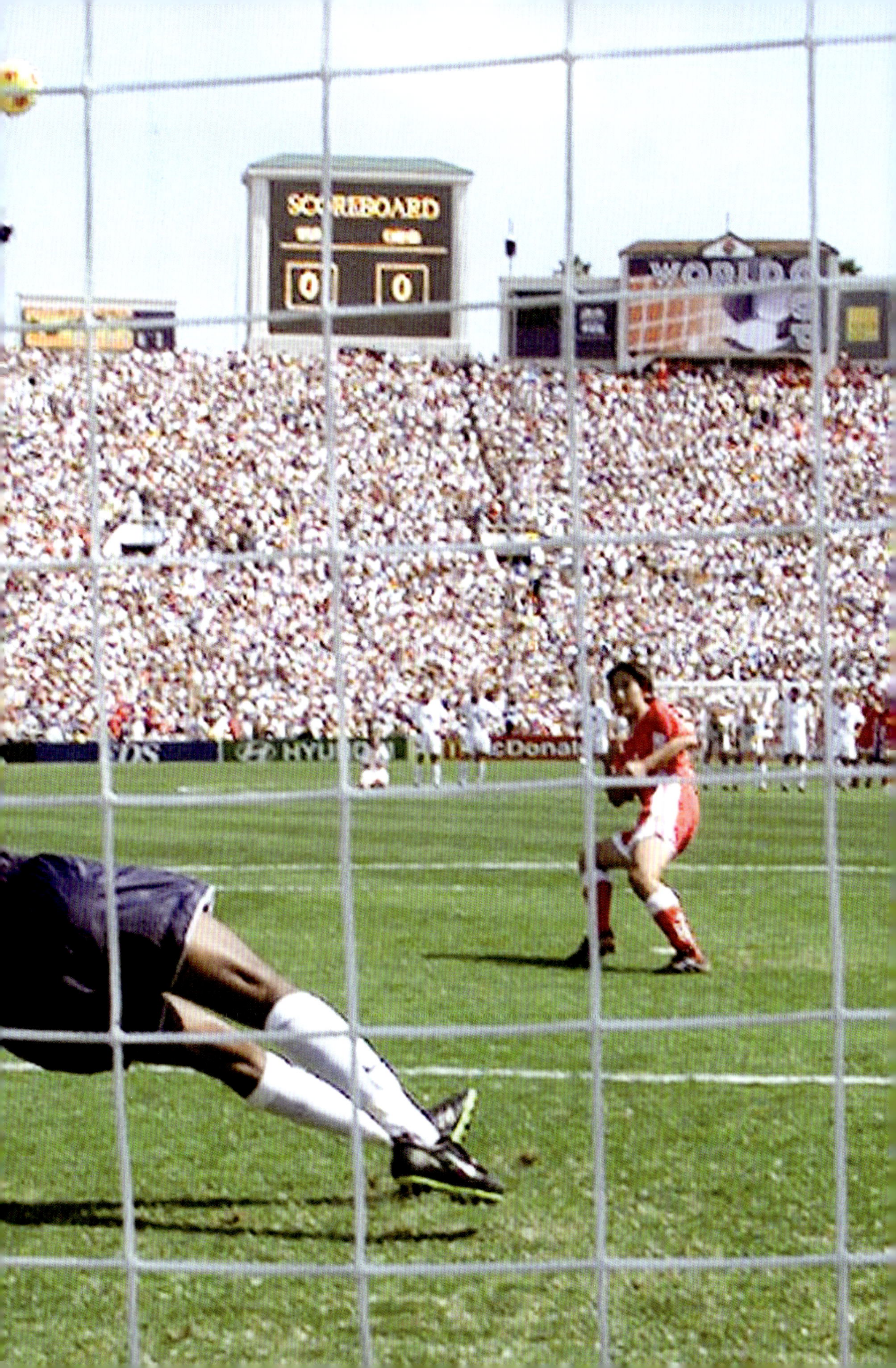
SCOREBOARD
0
0

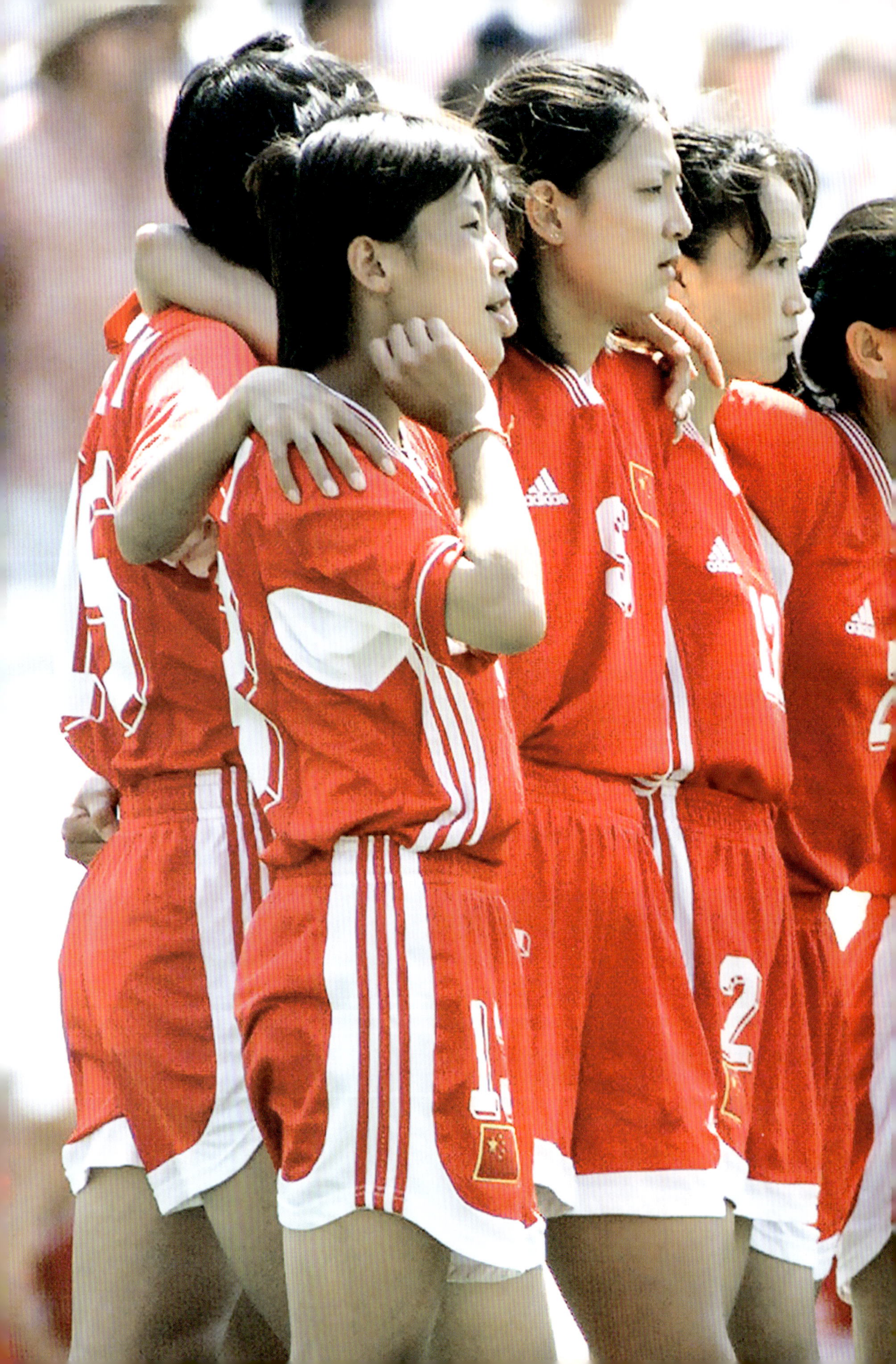

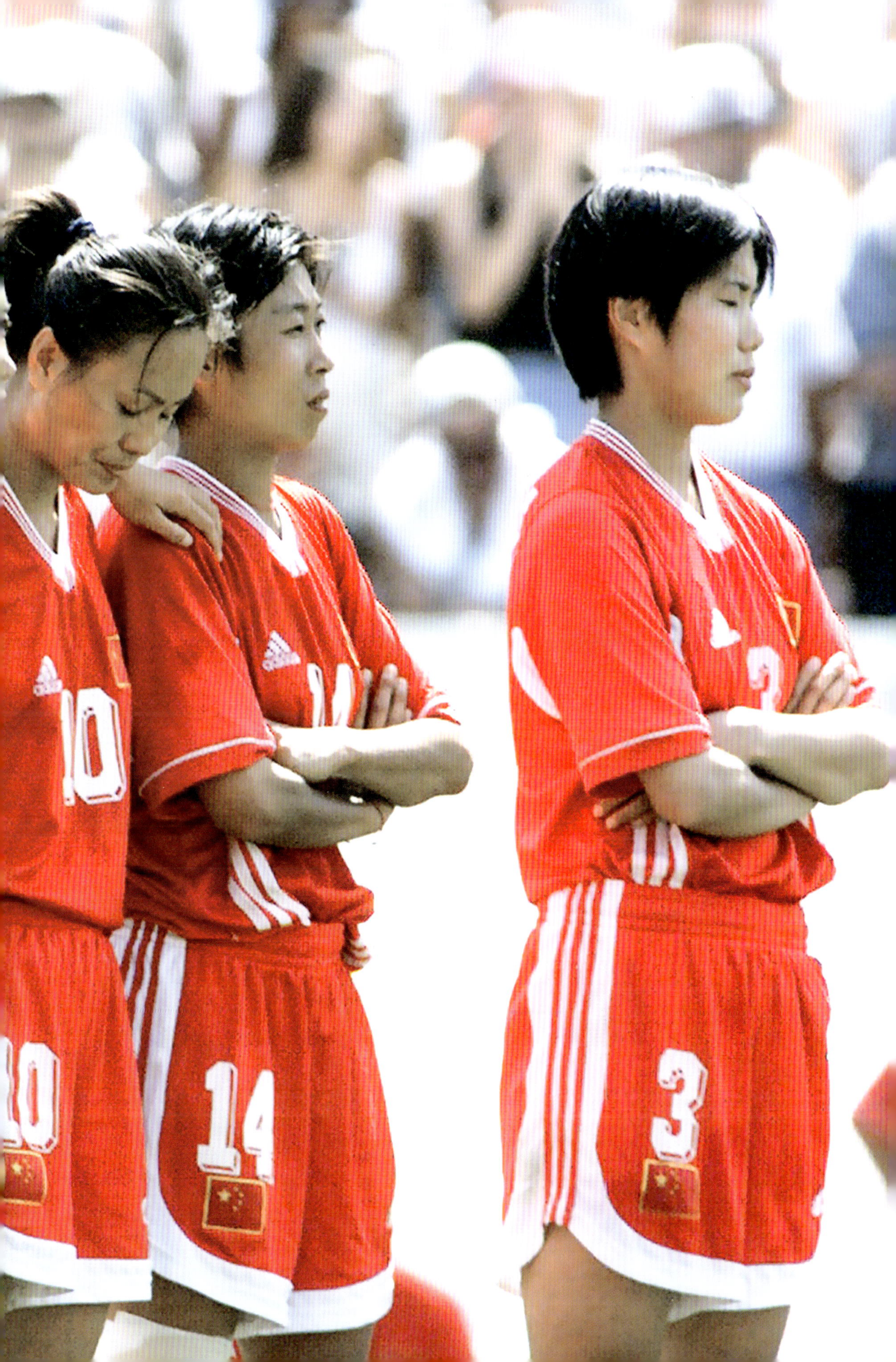

1999年7月4日，美国，1999年女足世界杯半决赛，中国队5∶0挪威队。中国女足庆祝进球。

场外

女足・她世代

场 外

女足・她世代

洪南丽：
按下快门，40多年就过去了

"被扔到和一群男性比拼的赛场"

作 者 /
曹思颀
懒熊体育作者，寻找体育世界里的好故事

谈到中国女足，大家可能想到各种各样的不同人选，但谈到足球场外的中国女性，洪南丽这个名字总是会出现在最前面。

她是徐根宝口中的"洪老太"。从1979年由体操教练、裁判转岗为体育摄影记者开始，她端起相机的身影几乎从未在体育场边缺席过。

最近一次的工作是2022年3月，在中国女足夺得亚洲杯冠军后，她为浦玮、李佳悦、张琳艳三代女足国脚拍摄了一组时尚商业大片。2001年出生的张琳艳，比洪南丽小了63岁，在新 代体育人口中，她的称呼变成了"洪奶奶"。

2022年4月末，我们通过电话联系到"洪奶奶"。在疫情下的上海，关注核酸检测结果和家庭物资，照顾老伴儿、做饭等日常事务，几乎占据了她绝大部分的精力，而摄影成为她发现美

好、调节情绪的小缺口。"我下楼做核酸的时候，会拍一点儿小区里路边的花花草草。拍照片对我来说，就是一件很开心的事。"

以下是洪南丽赛场边40余年的故事。

"和一群男性比拼的赛场"

1979年，摄影突然"闯入"洪南丽的生活。

转岗成为摄影记者，完全是组织的安排。一开始，洪南丽对于这个决定有点儿发蒙。她当时已经41岁，家中有两个孩子需要照顾，而且过往几乎对摄影没有任何了解。在那之前，如果非要说她和摄影有任何工作上的交集，大概就是她以体操运动员、教练员或者裁判的身份，作为被拍

摄的对象，出现在摄影师的镜头中。

不过当时，相关工作的进展很快。得到通知的当天下午，洪南丽的办公桌就从上海体委的竞赛部搬到了宣传部，她正式成为一名从零开始的体育摄影记者。

在那个年代，相机远没有进入大部分国人的普通生活。洪南丽转岗后面临的第一个问题，便是对专业技能的学习。

理论部分的学习相对有迹可循，洪南丽仔仔细细阅读完能找到的摄影类杂志，做好笔记摘抄。但具体到实际操作层面，只能靠反复练习和体会。体育比赛中的拍摄对象往往是高速运动的个体，洪南丽就端着相机在大街上拍汽车练习对焦；刚刚进入赛场的时候，她还会通过听同行的快门声，来琢磨拍摄时机的差别。

另一个挑战来自体能。在过往的工作经验里，运动场是个有着极其强烈且清晰的性别区分的地方——男子比赛和女子比赛严格分开；而现在，性别之分被模糊。退到场地边线外，洪南丽形容自己"被扔到和一群男性比拼的赛场"。

摄影工作对体能有极高要求。记者往往需要身背数十千克的设备，记者王嫣在描述和洪南丽一起共事的日子时曾写道："我也给她背过摄影包，对那种直接把肩膀压向地面的重力感至今难忘。"此外，记者还要迅速地"抢占"场边有限的拍摄点，并在比赛中根据情况灵活及时地转场。

作为一名曾经的体操运动员，洪南丽身材娇小，和大多数男性同行相比，她本不具备先天优势。在很多比赛里，她甚至需要踩在凳子上才能达到最佳拍摄位置。但43年的坚持，让她练就了和年轻男性记者相当的体能——这殊为不易。而她右手食指的关节，由于常年托举相机和按击快门，甚至比年轻小伙的更为粗壮。

就是在这样不断的学习和实践当中，洪南丽走上了摄影记者的道路。在她向我们展示的20世纪80年代拍摄的作品中，囊括了摩托车、中国象棋、跳高、体操、足球、篮球等跨度极大的运动。作为拍摄者来说，可以说是动静兼修，室内室外各种光照条件均有涉猎。中国象棋特级大师胡荣华、跳高选手朱建华等人，都因拍摄与洪南丽结缘，成了她的好朋友。

"拍出经得住时间考量的照片"

1993年，洪南丽55岁，那是她在上海体委工作的最后一年，也是她转岗成为摄影记者的第14个年头。

这个时候，她开始在磨炼技术的基础上更多思考如何挖掘照片的作品价值，"争取拍一张好的照片，拍一张独家的照片，经得住时间考量的照片"。

那一年上海承办第一届东亚运动会，她拍到了第一段摄影职业生涯的最后一张代表作——开幕式新闻发布会上，她抓住了时任国际奥委会主席萨马兰奇先生将国产铅笔压在嘴唇上的沉思瞬间，这是一张"非典型"的特写照片。

回顾起这张照片，洪南丽半开玩笑地表示，其实当时在操作上有两个不同之处：第一，她当时并不是新闻记者，只是组委会宣传部的工作人员，其实并没有进场拍照的权限；第二，在当时的技术条件下，现场新闻记者往往会选择包含人物和背景等元素的全景构图，以便发稿之用。但洪南丽表示，自己当时感觉机会难得，希望拍到一张有生命力的照片。

在后来北京申奥的过程中，新华社将这张照片放入申奥杂志，洪南丽很骄傲，这是她所理解的摄影记者的职业意义——记录历史。

东亚运动会后，中国体育正面临着足球、篮球联赛即将开始职业化的火热气氛，洪南丽决定在新闻媒体领域继续自己的摄影生涯。她加入《新民体育报》（《东方体育日报》的前身），以返聘记者的身份重新回到体育赛场。

尽管她的主要报道仍然围绕着上海体育界，但不同赛场边都有她的身影。

1995年申花队首夺甲A联赛冠军，她是球队训练和比赛的常客。球员范志毅那个著名的"范大将军"称号，正是来自她的一张照片。申花队时任教练徐根宝更是在每场比赛前都会和她握手，并把"洪老太"介绍给身边的人。

一开始，洪南丽还有些不好意思，怕自己抢了镜头。后来才听队里的人说，原来这是徐根宝的一个信念——据说每次和"洪老太"握完手，球队就能顺利赢球。

女足球队也是她拍摄的对象。现任中国女足主教练水庆霞当时还是上海女足队员，洪南丽就是在那个时候认识的她。"这次她（水庆霞）带女足夺冠我很开心。她是当过女足队员的，又长期担任女足教练，她很懂球员们的心思。"洪南丽如是告诉我们。

2002年，她离开报社，成了一名自由摄影师。为了拍好一张郭晶晶3米跳板项目的照片，她曾经悄悄爬到10米跳台上，站在台面上、上身略微探出进行拍摄；在上海国际赛车场，面对一众外国年轻记者，她爬上赛场边的护栏进行拍摄，以至于拍完需要小伙子的搀扶才能下来，"我不爬上去就拍不到"。

她彻底把摄影从工作变成了创作，穿梭在不同项目的场馆中，记录时间的痕迹。

"拍照让生活更美好"

随着年龄逐渐增长，洪南丽不止一次表达过回归家庭的想法。

她的老伴儿郑桂芝曾是上海足球队的一员。夫妻俩年轻时走在街上，洪南丽是不被认识的那一个，"她是郑桂芝的太太"；而现在，她几乎出席所有活动都会带着郑桂芝，而人们也习惯地称他为"洪奶奶的老伴儿"。

照顾老伴儿是洪南丽近些年的一项重要日常。在之前根据赛程东奔西跑的日子里，赛场记者都习惯了用各种简餐迅速填饱肚子，"回家都是老伴儿照顾我，做好饭等我回来，现在换我做饭了"。

尽管如此，只要有机会，洪南丽依然还是会背上相机，带着老郑到赛场。

2019年，她多次出现在距离上海100多公里外的昆山。中乙场边的记者寥寥，洪奶奶却每次都精神百倍。有时比赛完了，她还会和昆山队中从崇明根宝基地中走出的球员互动一番。她知晓哪怕第三级联赛中球员的数据，并据此进行拍摄。有时她也会直接地提出需求："朱峥嵘，今天是你第100场比赛。摆个精神点儿的造型，我再给你拍一张！"

她始终对体育保持着如初的热爱。2017年，为了跟随上海海港队（当时名为"上海上港队"）前往日本的亚冠客场，她还签了一份免责承诺书，而那居然是她职业生涯第一次出国拍摄；2019年男篮亚洲杯，在第一次证件申请遭到驳回后，她又写了一封长邮件，并附上过往代表作品，托人翻译成英文后再次提交。可以说，这些更大的舞台对于她，始终具有强大的吸引力。

2022年春天，在奥密克戎侵扰下的上海，体育赛事暂停，照顾老伴儿也成为洪奶奶现阶段更重要的任务。

在和我们的通话过程中，郑桂芝从门外取进了一份志愿者送来的物资包，通话因此中断5分钟，"我现在很担心他（老伴儿）。上海疫情还比较严重，我去给包裹消了毒……"

洪南丽在她的摄影生涯里一共积累了17个T（Terabyte，太字节）的素材，但在这段居家的日子里，也难有精力继续进行系统性的整理。

摄影则在此刻成为她发现美好和调节情绪的窗口。每隔几天，她就会将下楼时拍到的花花草草和小区里的场景分享到朋友圈。

43年前，当摄影意外闯入她的生活时，她应该很难意识到，手中的快门键将如此改变她的一生。

场 外

女足·她世代

场外

解说员吴桐：
哪怕遥远，先去做吧

十年后、二十年后，还有观众愿意看我解说吗？很多解说前辈都已经五六十岁了，他们还在解说，等我50岁的时候，我还能继续解说吗？至少现在还很难找到可以参考的女性样本。

作　者/
付茸
翻滚坚果主理人

从电视媒介诞生以来，女性在体育解说领域走过了一段漫长的道路。

如今，足球解说仍然可以说是一个男性主导的领域，但值得高兴的是，我们看到越来越多的女性正在突破性别障碍，在直播间、评述席拥有了一席之地。足球解说员吴桐就是其中之一。

她与我们分享了她的选择、困惑、压力，以及她为之付出的努力。

(Q) 什么时候有了"要成为一名足球解说员"这样的想法？

（A）我本科其实是学音乐表演的，大一的时候有幸被电视台选中做主持人，于是后来就一直在媒体实习，主要是从事民生新闻节目。毕业之后工作了一段时间，我还是希望自己更系统地学习一下播音专业，当然也因为我从小就喜欢看体育比赛，很想从事体育媒体行业，于是我就辞掉了工作，考了中国传媒大学的播音主持与艺术专业。出于对足球的热爱，当时自己做了一个公众号，和学校的两个同学一块儿写足球专栏。

成为体育解说员，准确地来说，是因为我的老师给了我很多建议。我和他第一次交流的时候，他对我说："吴桐，你可以努力成为一个体育解说员，甚至在十年之后去创立体育公司……"当时他说的东西很遥远，我自己还想象不出来我做评论员会是什么样子，只想着先做一个跟体育相关的主持人的工作。刚好有一个体育公司在做校园体育栏目，他们觉得我还挺合适，我就去了。

大概是 2016 年，他们做下午时段的经典赛事回放，需要解说员，就让我上了。后来我通过同事推荐结缘新英体育，解说《英超精华》，正式开启了足球解说之旅。

我想这是一种很奇妙的缘分。我身边很多男性解说员其实在职业生涯之初就是以解说为目标，但我那时好像没有很在乎工种，哪怕是做一个足球编辑，我也是愿意的。

2020 年疫情期间，全球赛事停摆了三个月，当时的工作压力特别大，因为没有比赛了，但是又不能没有节目，那两年除了解说之外，我同时还在做着与制片相关的工作，所以疫情也带给了我很多思考。尤其那个阶段，我觉得自己还不够立体，还需要在很多方面去学习和充实自己。也是试一试吧，就考了北京大学（以下简称北大）广播电视专业，我觉得跟我从事的工作也很契合，更多的是丰富自己的知识架构。

(Q) 你觉得作为女性，进入这个行业会不会面临更大的阻力？

(A) 我觉得首先从体育评述这个角度来说，需要承认的一点就是，女性在体育相关知识的积累上，其实是没有男性那么多的。这个更多是环境的原因。像我小时候身边看球的女孩很少，男孩可以把踢球、打球作为一个自己平时的活动项目，但是把踢足球当成一个日常活动项目的女孩就更少，因为它是一个团队项目，可能你周围没有那么多人踢球。

如果要放到足球解说这个行业，更多的是你还得会说，它是一种语言的传播艺术。所以我就觉得，社会的体育氛围、固有的认知，甚至身体机能，都天然地给女性进入这个行业带来了障碍。

其实在解说当中，男性和女性的视角也不是完全一致的，女性相对更柔和。我觉得没有一个行业可以不需要女性，只需要男性，或者只需要女性，不需要男性。比如说前几年幼教行业出现了男性，慢慢地大家也都接受了，所以我觉得可能像是一个牢笼一样，总要有人去冲破它。

但是你肯定也会遇到偏见，不仅仅来自观众，也可能来自行业里的部分人。他们可能因为环境或固有的观点，认为"你看她又不踢，就看一点儿比赛她能说出啥来"。我觉得这个是我们必须去面对的，要有强大的心理承受能力，付出更多的努力。

这么多年我感到幸运的是，因为版权平台越来越少了，路径也变少了，可能很多人想做解说员，就没有太好的机会，甚至求而不得，但我还能坚持着。

我也经历过很多困难，因为解说是一个需要积累的事情，前期作为新人可能多少都会出现一些问题，这是每个人职业生涯很自然的过程。如果是男性，可能并不会被特别拎出来，但如果是女性，你的问题可能会被放大或者成为一个特例。比如你会听到"因为你是女的……"这种言论。当任何的评论把性别放在最前面的时候，它就是一个片面的认识了。

比如我曾经也听到过类似的言论："你看吴桐能有今天完全因为她是女生，如果是男的，她根本就没有解说的机会。"我觉得不是这样的，也没有必要这样对比。如果仅仅因为我是女性就能得到机会，那这就不是一个健康的行业了，并且按照这个逻辑，现在应该有更多女性从业者。一个人能在解说行业里待上七八年，我觉得那肯定不是因为性别。我也有过这样的经历，因为我是女性，在一些特别的场次上，出于多方面的考虑，我不是首选解说员。对于偏激的言论其实不用特别在意。行业里很多前辈、同事，人都非常好，很多观众也在接受和见证你的成长。我觉得这些都是女性解说员的必经之路吧，是一个修炼的过程。

（Q）国外媒体像天空体育、ESPN，越来越多地在用女性解说员，其中一些是女足球员退役转型，开始投身这个行业。国内一些女足的比赛，有时候也会找一些退役的球员解说，但是好像很少有球员真的转型来做这个事情。你觉得是什么原因？

（A）有一部分是源于"口语传播"的专业性。毕竟一场足球比赛的解说其实就是两个小时的即兴评述。它对你的声音、表达、知识覆盖面等都会提出很高的要求。另外可能和收入也有关吧。以前各个平台会开双路解说，甚至开三路，让观众有选择。现在因为市场原因，就开单路甚至单口，这从某种程度上压缩了解说员的岗位和成本。比如说四年前解说一场比赛是这么多钱，你会发现四年过去了，解说员还挣这么多钱，以至于他后来就不干了，因为他养活不了自己。还有一些人把解说当成自我绽放的一个平台，他可能觉得说几年还不火，没有达到我的目的，我就不说了，所以可能走的人越来越多。

我觉得还有一个误区，很多观众觉得你非得是教练，或者是职业足球运动员，你才有资格说球。可能大家不是很了解，评述员（主持人）和技战术评论员（嘉宾）是两个不同的角色，分为A角和B角，两个人有分工。A角的任务主要是阐述比赛，同时需要把这个时候发生的战术问题很好地铺垫给B角，由他来展开分析。

（Q）在你做解说员的这条路上，你一直都是非常坚定的吗？有过想放弃的时候吗？

（A）我应该是有过怀疑，但是我没有想过要放弃。我可能不会说足球解说是我唯一想做的事情或者说执念，但我还是一个比较职业的人，无论从事什么工作，我对这个工作和行业是比较有敬畏心的，我觉得应该努力把它做好。很多事源于热爱，但更重要的是坚持。

在我的个人发展当中，我也经历过挫折和低谷。我当时也想过解说是不是我唯一的道路，或者说我会不会干其他的比干这个更好。自己也会有所怀疑，甚至我有时候会想，十年后、二十年后，还有观众愿意看我解说吗？很多解说前辈都已经五六十岁了，他们还在解说，等我50岁的时候，我还能继续解说吗？至少现在还很难找到可以参考的女性样本。所以这是我自己会产生疑虑的地方。但我性格也挺倔的。其实我觉得央视的《新闻联播》就是一个很好的样板，一个资深的主持人应该，也完全可以播到60岁。

场 外

女足・她世代

生活方式

北大女足：
从入门到疯狂

**大学校园女足，
可能是女足生态中最有活力的生力军。**

作 者 /
付茸
翻滚坚果主理人

插 画 /
江蕙仪 Ena

近些年来，高校女足成为女足圈不可忽视的活跃力量。

大学社团为女孩们创造了一个更直接、更自由地参与足球的机会。虽然不是每个人都在年少时就接触过足球，但在友爱团结的氛围中，足球成为她们校园生活中不可或缺的一部分。北大女足正是在这样的环境里成长起来的。

2013年9月，几个热爱足球的女生找到北大足球协会的指导老师，希望能在北大组建一支女子足球队。

一年后，北大女足正式成立，并开始面向全校在读学生招新。到了2015年9月，体育教研部开始管理北大女足，邢衍安老师出任主教练。凭借一腔热血聚拢起来的球员们，开始有了每周固定的基本功和战术训练。

每年秋季学期伊始，球队都会去新生宿舍楼发海报，"刷楼"宣传北大女足。大家分组敲开每一间宿舍的门，询问有没有对足球感兴趣的同学，如果有的话会拉入试训群，没有的话也希望她们多多支持北大女足。

球队没有设置准入门槛，但正式入队后需要遵循严格的训练考勤制度。一些队员因为无法兼顾学业和训练而选择退出，毕竟校队一周训练三次，首都高校联赛期间，周末两天可能都需要外出踢比赛，而且校队也有一些纪律方面的要求，确实不一定能顾得过来。不过很多同学退队后也会选择加入院队，参加北大杯赛事，继续享受足球的快乐。

毕业的校友也没有放弃足球。她们组建了校友队五四复联，所有毕业的队员都会在学年末的"滚蛋杯"上从北大女足"转会"到五四复联。

取名"复联",寄托了她们把过去输了的比赛赢回来的希冀。

有趣的是,第一任队长还把一张小纸条缝在了队长袖标里,代代相传的队长袖标只有在拿了首都高校十一人制赛事冠军后才可以被拆开。

她们曾数次与冠军失之交臂,收获过首都高校十一人制和五人制赛事的亚军,所以目前她们的目标很一致——能拆开队长袖标。

以下是我们跟部分北大女足队员的"Q&A",从中我们可以对高校女足有更真实的了解。

Q & A

北大女足队长熊萱

（Q）如何接触到足球的？

（A）就是很想尝试这项运动，但一直没有机会接触，因为家乡那边基本没有足球氛围，家里也没人看球。直到高中时，成功鼓动了一群女孩子和我一起"抢圈"（我们那叫"楼堡"），虽然大家都不会踢球，但每次都能笑得很开心。当时高中也可以选足球课，但上课就是自由活动，根本没人来教，只是因为期末要考绕杆射门，所以我会和班上唯一选足球的女生一起练球。直到上大学后，遇上了"刷楼"，加入了校队，踢足球这件事对我来说才算正式入了门。

（Q）足球带给你的变化是什么？

（A）首先，球技确实有了很大提高，从一窍不通的足球"小白"到了能教别人踢球的程度；与此同时，生活习惯也变得更加健康，我会自觉地去锻炼身体、均衡饮食；另外，因为历经了从替补到主力、从球员到队长的转变过程，我变得更加稳重可靠，遇上不利的局面时也能更有耐心地寻找机会。我以前是很害怕竞争的，但足球免不了要对抗，所以我也渐渐变得有自信、有勇气、心态更为沉稳地面对竞争，比赛前也没有那么紧张了。另外就是一些愈挫愈勇、顽强拼搏的精神品质，也是在经历了一次次的失利和逆风局后培养出来的。

(Q) 形容一下球队内的氛围。

(A) 北大女足是一个很有爱的团队。大家无论年龄大小，上至博士五年级，下至本科一年级，都能玩到一块儿，也不存在什么前后辈的礼数，互相之间都是很好的朋友，可以随便开玩笑和聊八卦新闻，也可以认真交心。平时在团队里我觉得特别温暖，和队友并肩作战的时候也特别安心。在赛场上，这支队伍温和却也强硬，温和在于大家都很有礼貌，强硬在于大家也很拼命。

(Q) 你觉得你和队友们的共同点是什么？你在场上的特点又是什么？

(A) 说实话我们一直都是说"除了性别和对足球同样的热爱外，其他什么都可以不一样"。但我觉得除此之外，我的队友都很善良，而且都很开得起玩笑，所以我们能相处得很愉快，每次训练都能在欢声笑语中度过。我在场上的特点可能是具有速度优势，所以比较适合打反击或者在边路进行突破，但随着球龄的增长，我也在努力转型为攻守兼备的中场角色。

(Q) 在踢球这件事上会对自己有特别高的要求吗？

(A) 会有要求，因为希望自己能努力变强，也希望能带领球队拿到冠军。但低年级的时候课业繁忙，除了参加校队训练、带院队训练外，我也不会有更多的时间练球了，且我中间受过伤，也耽误了很多时间，所以不能对自己要求太高，校园足球毕竟主要是为了快乐，而不是每次踢完就过度反思自己这也不行、那也不行，给自己心里添堵。

(Q) 有没有为足球做过一些别人认为疯狂的事情？

(A) 凌晨四点起来看球，校、院队训练以及自己加练，差不多每天都在踢球，寒暑假众目睽睽之下在小区的水池里自顾自练球也不算什么疯狂的事情。但我的同学或许确实不能理解，像我这种易受伤的"玻璃人"体质（属于在走廊上碰见，别人就会问一句"你怎么又受伤了"的程度），居然还在坚持踢球。

(Q) 哪一场比赛印象最深刻？为什么是这一场？

(A) 印象最深的不止一场，都是在恶劣天气下的比赛：2019年十一人制的雨战和2020年五人制的雪战。这两场比赛最后都赢了，但天气真的非常恶劣，能见度很低，裹着大衣还冻得瑟瑟发抖，所以大家真的很不容易。特别是2019年的那次半决赛，对手很强悍，大家都是堵枪眼一样顽强地化解着她们对球门的威胁，最终1:0战胜对手，历史性地挺进决赛。

北大女足队员符鑫

(Q) 足球带给你的变化是什么？

(A) 我觉得对我最大的影响应该就是身心健康吧，每次来训练、踢比赛，就会觉得真的是有快乐因子从自己身上释放出来。其次就是踢球让我认识到了沟通的重要性，在场上真的要非常大声地去跟自己的队友沟通，互相补位才能做到攻守兼备。踢球给了我一个非常好的身体，大学期间我都没有感冒过。足球让我学会在集体里找到自己的定位，集体需要你的时候，你要能够站出来，有时候确实做得不是很好，你也要愿意把更好的机会让给别人，因为我们是一个集体。

(Q) 形容一下球队内的氛围。

(A) 球队有一种家的感觉，让人非常有归属感。

(Q) 如何接触到足球的？

(A) 和足球的缘分应该说是阴差阳错吧，因为上大学之前也没有机会接触足球，我们高中有足球课的时候，我已经高三了，需要更专注于学业，没能参加足球课，所以大学之前我没有接触过足球。当时看到女孩子在操场上踢足球，我还挺羡慕的。

大一时学姐们来招新，我本来是想试一试篮球队的，但是篮球队一直没有来，足球队的学姐来了，我就说试一试吧。去试训的时候就感受到了踢足球进球的快乐、跟大家一起拼搏的那种兴奋，然后就一直从大一坚持到现在。六年了，感觉去训练已经成为一种习惯，假期也会专门为球队留着，以防有训练、比赛之类的。

(Q) 哪一场比赛印象最深刻？为什么是这一场？

(A) 我记得有一场比赛是在北京的深秋，当时下着瓢泼大雨，雨水打在脸上，很影响我们对球的判断，但是大家还是非常努力地拼那场球赛。拿下比赛之后，我们从球场向场边的教练跑过去，一一击掌的时候真的觉得有队友们和我站在一起真好。

北大女足队员仇诗蕊

（Q）如何接触到足球的？

（A）我觉得我"接触"足球的过程大概可以分成三个阶段吧。

第一个阶段就是单纯指踢到足球，那可以追溯到很久之前了。在我小时候，大概上小学之前，爸爸经常去和他的朋友踢球，有时候也会带着我。他们一起踢的时候，我就在旁边看着。如果有多余的球，他们就给我一个，让我在旁边自己玩。

第二个阶段是在高中的时候，我开始和我的朋友一块儿踢球了。我们高中每年都会有体育节，其中包括班级间的五人制足球比赛，每个班都要出一个队伍。但是其实也就是踢着玩的性质，没有人带着训练，也没有什么战术之类的，现在想想就是一个追着球跑的状态，或者说其实就是在瞎踢。当然我觉得北京高中的校园足球做得还是可以的，有高中的女足联赛，我们高中校队好像还有教练带着，有比较规律的训练。不过当时校队建起来的时候我已经高三了，也就没去体验过。

第三个阶段是大学时加入北大女足。其实最开始我是抱着来试一试、玩一玩的心态，没想到后来真的留下了。之所以把它作为第三个阶段，是因为相比于之前踢球的经历，我开始了更系统、更规律的训练，有更专业的教练和指导，而且有了更正式的比赛。很多时候不再是随便瞎踢的状态，而是要有方向、有目的地提高。

(Q) 足球带给你的变化是什么？

（A）最大的变化应该是养成了定期锻炼的习惯吧。之前可以宅在屋里面好几天不出门，也不做运动，习惯了训练的节奏之后，如果有一段时间不做运动就觉得浑身难受，想动一动。

足球教给我的最重要的是学会怎么去和团队合作。在场上踢球要了解队友的特点和自己的特点，然后思考怎么能尽量让每个人都扬长避短，这样才能整体变得更好。其实在学习和生活里，也有很多其他需要团队合作的事情，但是在足球场上团队合作的重要性会体现得更明显。同时，在球场上学到的这些也能让我在其他事情上更好地进行团队合作。所以说踢球也不算是不务正业。

(Q) 有没有为足球做过一些别人认为疯狂的事情？

（A）近期最疯狂的大概是"倾家荡产"买了双球鞋吧，但是我觉得也没什么，千金散尽还复来，总不会被饿死的。

(Q) 哪一场比赛印象最深刻？为什么是这一场？

（A）印象最深的一场应该是 2020 年和清华大学女足的比赛吧。当时我刚上大一，是第一次和球队一起出去比赛。那场比赛前面我们一直踢得比较艰难，有一段时间被对方压着打，有一段时间在对方球门前"狂轰滥炸"但是就是打不进。应该是到最后一分钟，我们打进了一个球，绝杀了比赛。当时我很激动，坚持了很久之后终于取得了胜利，出了一口气的感觉。

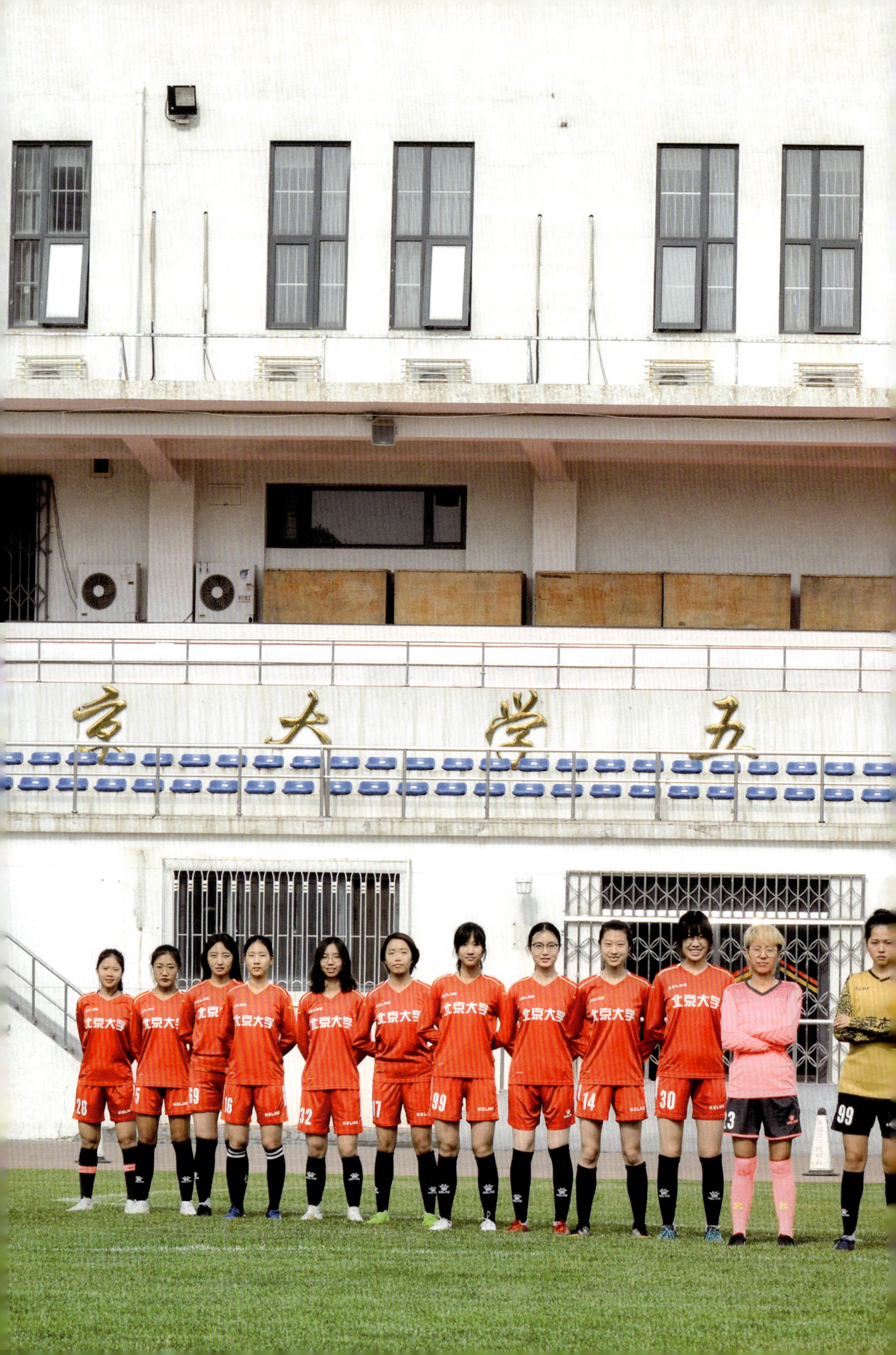
京 大 学 五
北京大学
KELME

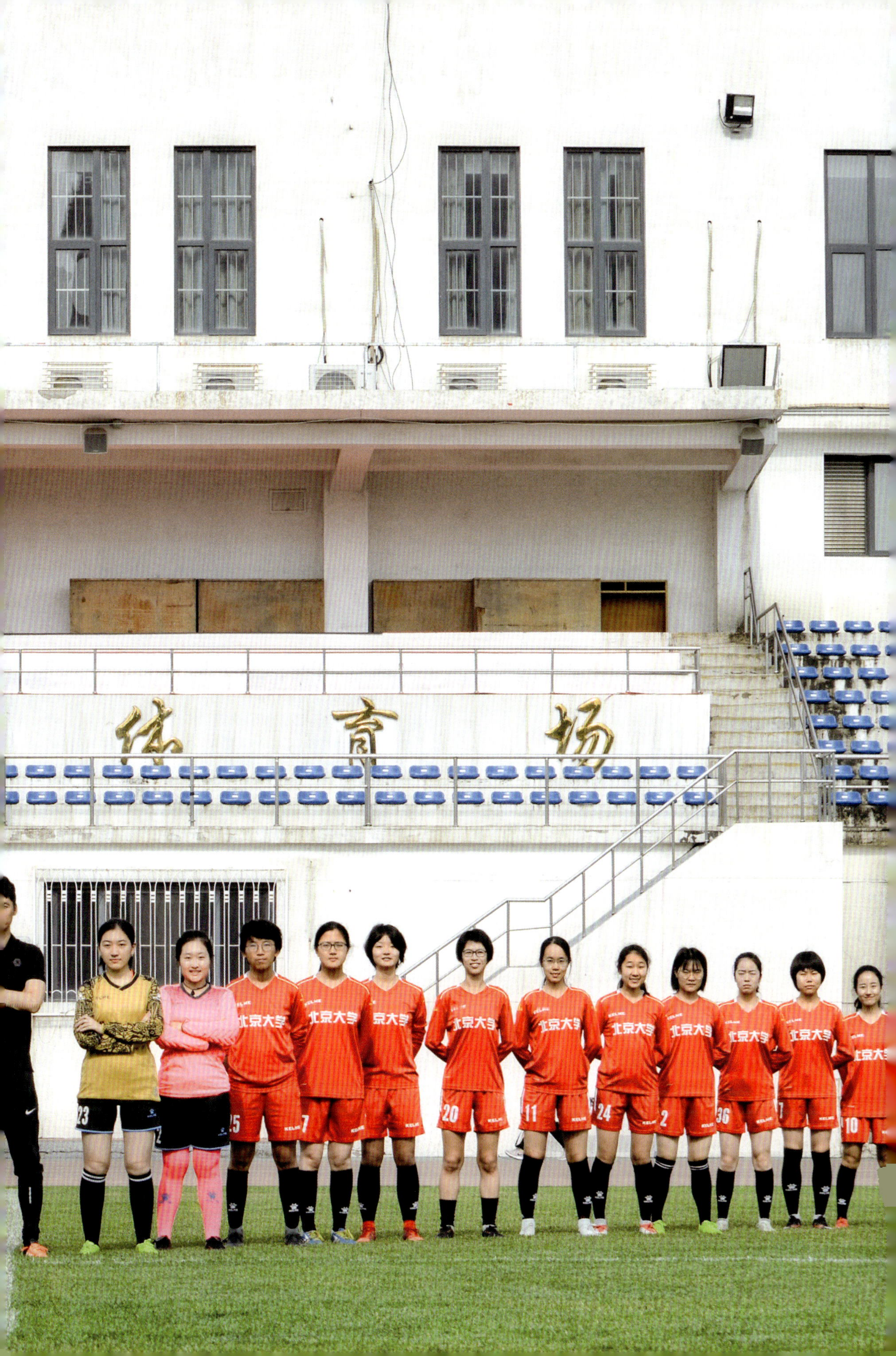
体育场
北京大学

女足・她世代

生 活 方 式

从流浪式踢球，
到爆火的业余女足生态

也许每个喜欢足球的女生都有过一段流浪踢球的经历，但是，热爱让改变发生了。

作 者 /
王一妃
水军女足创始人，前队长

插 画 /　　　　摄 影 /
江蕙仪 Ena　　王鸿宇

北京的业余女足组织仿佛一夜之间活跃了起来。

最容易凝聚起来的是校友队，比如清华大学校友组成的乌合之众女足、北大校友组成的五四复联女足、中国政法大学校友组成的法老女足；另外还有外国人居多的国际队，比如 Añejo FC（西语帮女足）；实力超强的半专业队，比如之前的 99 女足；还有由社会上女足爱好者组成的队，比如梅林奚照女足，以及我们水军女足。

10 多年前，我们建队时的小愿景是让更多女孩知道有一支业余女足队，只要想踢球都可以找到组织。到了现在，这样的组织很容易就能找到，叫得上名字的球队不少于 20 支，各个大的体育公园都想组织业余女足比赛，这让多年前到处流浪踢球的我感到很欣慰。

谈到女足，真的可以说上几天几夜，因为这称得上是我后青春期的全部。

我在大学入学时加入了女足社团，真正地走进了这项运动，从零基础开始学，教练从学校社团里委派。但是由于各种原因，大多数队友很难保持高出勤率，所以水平提升也较慢。最初有女队的大学也很少，水平参差不齐，能约比赛的球队不超过三个，我记得当时我们能约北京邮电大学、北京大学、中国农业大学的女足，可以说每一次约比赛都是非常珍贵的体验。

回想最初的首都高校女足联赛是十一人制，只有八支球队参赛，没有分甲乙组。过去十几年，经历了分甲乙组，从甲组 4—5 支队、乙组 8—12 支队，发展到现在总计超过 20 支队，高校新队伍不断涌现，而且还增加了五人制赛事，这是曾经的我们无法想象的盛况。

我估计很多大学女足队员毕业后，如果想踢球，只能回校队一起玩儿。我在毕业后前两年还会常回到学校混迹，从第三年开始，自己有了社会业余女足队，主场当然也就随之切换。现在的业余球队多了，离校球员的足球道路也就更宽了。

能像我一样坚持组队的，要么是酷爱足球，要么一定是工作不忙。谈到业余女足，就不能绕开我付出了十年心血的主队——水军女足，她一路成长，也见证了北京业余女足的发展。

2011年建队之初，队员十几个人，有在大学踢过球的、来自不同学校的学院派，有小时候踢过球以后没再接触过的情怀派，也有零基础、认为足球运动很酷的体验派，还有纯粹是想多交朋友的社交派。

当时北京只有两三支业余女足，球场也不像现在这样多，我们到处流浪踢球，主要穿梭于有免费场地的高校，比如北京外国语大学、北京理工大学、北京交通大学和广大男足同胞抢占有限的资源，偶尔还会来一场"场地battle战"。一整年的活动主要都是队内对抗。招新主要来自朋友介绍，或者在豆瓣等平台，借助媒体去宣传，扩大知名度。

到了2014年，队伍规模扩大，核心球员达到二三十人，每周队内活动已经不能满足队伍需要，所以我们报名参加了男足联赛。参赛是一把双刃剑，能以赛代练，更快速地磨合队伍，但是同时也考验队伍的抗压性，娱乐班与提高班逐渐有了差距，需要找到平衡办法。

本文作者王一妃

在男足联赛我们必然受挫，随后自然就有了想要参加女足联赛的小愿望。我借着熟识男足赛事组委会的优势，大胆地去促成了这件事，成了北京业余女足赛事最初的推动者和组织者。前三年组织女足赛事，赛前首要目标就是凑够6—8支球队参赛。那时为了凑够球队数目，我们往往需要临时新建一支球队，赛事结束即解散，但是确实可以发掘到重新燃起足球热情的女生，办赛和组队也算有一点儿实际意义。

渐渐地，我也在业余女足球队的商业化上有了一些探索。我从2014年开始为球队寻找赞助商。那会儿谈到支持女足，总是会提到"慈善"这个词。是的，女足无论在哪片球场，都是一道靓丽的风景线，借助参赛的机会，配合上宣传，女足是有一些独特的曝光特色的。

水军女足参赛之初，获得了不少关注和报道。有一句话我印象特别深刻：女足踢得好的都在电视上，所以看业余女足，首要并不是看她们球技多么高，而是看那种踢得一般却仍认真努力的样子。很幸运，我们遇到了对足球有情怀的朋友。

2014年第一位提供赞助的朋友是做装备经销商的亮剑绿茵，老板"法王"非常爽快而且平易近人。他当时正在铺卡尔美在全国的市场，我提出的需求他一一满足，这对当时的我而言，是一种极大的肯定。

搜达足球的韩庆山也是一位资深球迷和足球狂热爱好者，平日不苟言笑，谈起足球却可以滔滔不绝。2014—2017年间，做职业赛事数据起家的搜达也参与了业余男足赛事的运营，对女足赛事的开展算是水到渠成。

因为对足球的热爱，最终我自己也成了搜达足球公司队的一员，开始把爱好当作职业，每周公司队、女足队加一起踢球不少于5场。回想起来那真的是工作以来最为开心的两年——"足球狗"的幸福生活。

2019年，我又先后组织了两届"快乐杯"女足联赛，邀请两支国际队加入。合作伙伴有10余家，包括场地合作方、装备合作方，还使用了搜达足球赛事管理系统和直播服务，北控凤凰足球俱乐部（如今的北京女足队）球员也前来交流。当然，赛事没有什么利润，我们甚至要倒贴人力、物力。

企业总归不是慈善机构，我个人的时间、精力也是有限的，后面的赛事便交由专业的赛事公司来运作。现在北京业余女足每年常规赛事有快乐杯赛事、国际联赛，还有灵活安排的小比赛。不过大家更多是在用爱发电，业余女足的商业价值和变现能力，还需要更多的探索。

经过几年的折腾，我能直观感受到队伍逐渐开始活跃起来。进入2021年以后，业余女足有两个变化：一个是熟悉的面孔"转会"去了新的团队继续踢球，不过无论在哪，仍旧热爱踢球就好；另一个就是"萌新"队伍"后浪"来袭，新的面孔、新的力量，北京业余女足需要她们。2021年北京的业余女足赛事，发布通知后一个月内就报满了10支参赛队伍。

校园女足有年级差,而在校园外是完全不用考虑年龄的,水军女足里,大到52岁的大姐姐,小到9岁的女娃娃,都是我们的队友。

我曾经向一位德国队友深入了解过她家乡女足俱乐部的情况。同样是业余女足俱乐部,她们有自己的主场、更衣室,有专人统一清洗球衣,有全年的主客场赛事。当时的我真是满脸的羡慕!这背后确实少不了场地等硬件条件的支持。有条件的队伍,我会建议俱乐部化发展。如果人员充裕,团队支持者众多,俱乐部化的管理能为球队的长远发展奠定基础。

但实际上,我身边的一些女孩想要延续踢球的爱好,面临着很多现实困境,比如当了妈妈要照顾孩子,人到中年要拼事业,还有队员因事业发展需要离开了北京。

很多女足队员因为结婚生育而放弃足球,这有点儿可惜。我们婚后、产后其实经常遇到以前未曾想过的问题和压力,踢球是一个缓解压力的特别好的选择,有队友可以倾诉,有对抗可以发泄,有比赛可以转移注意力,还能锻炼身体,我在儿子"百天"的时候就迫不及待地穿上球鞋复出了。我有一些产后抑郁的朋友,在她们眼里,我总是阳光、有干劲儿,这是因为我找到了足球这项爱好,并坚持用爱好来调节我的生活。

36岁的"高龄",我不知道自己还能踢几年,但每一次上场都全力以赴,才算不负时光匆匆。

生 活 方 式

女足·她世代

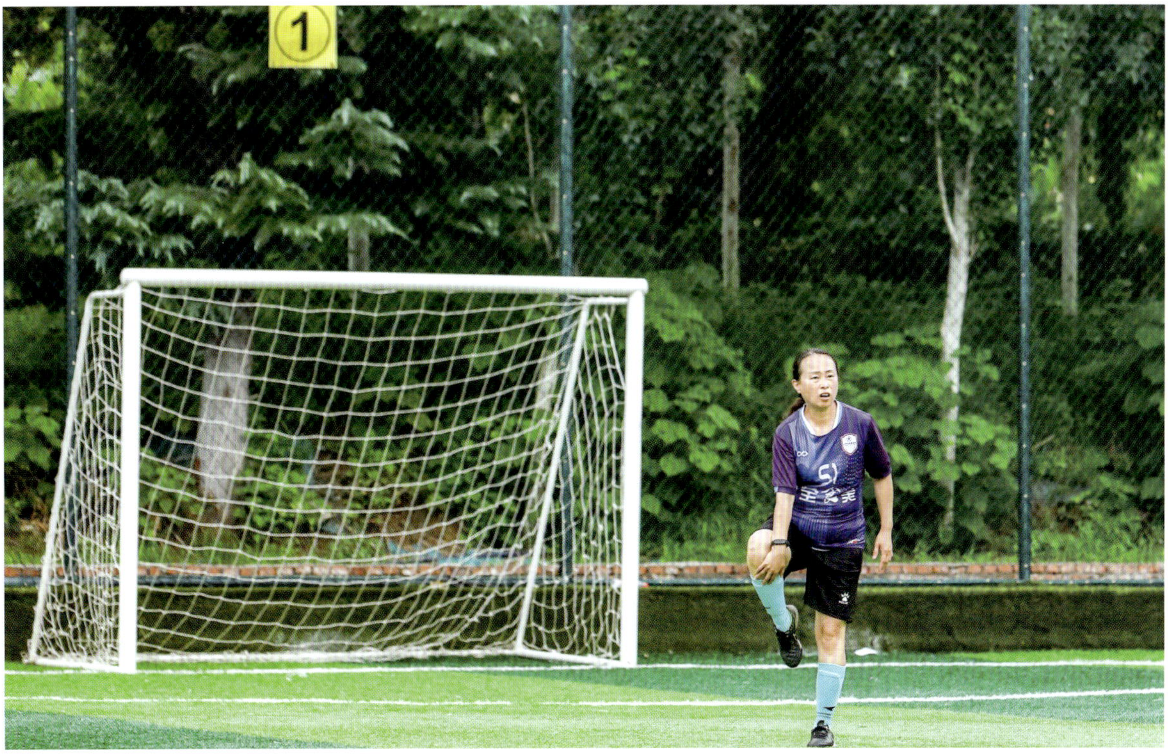
1

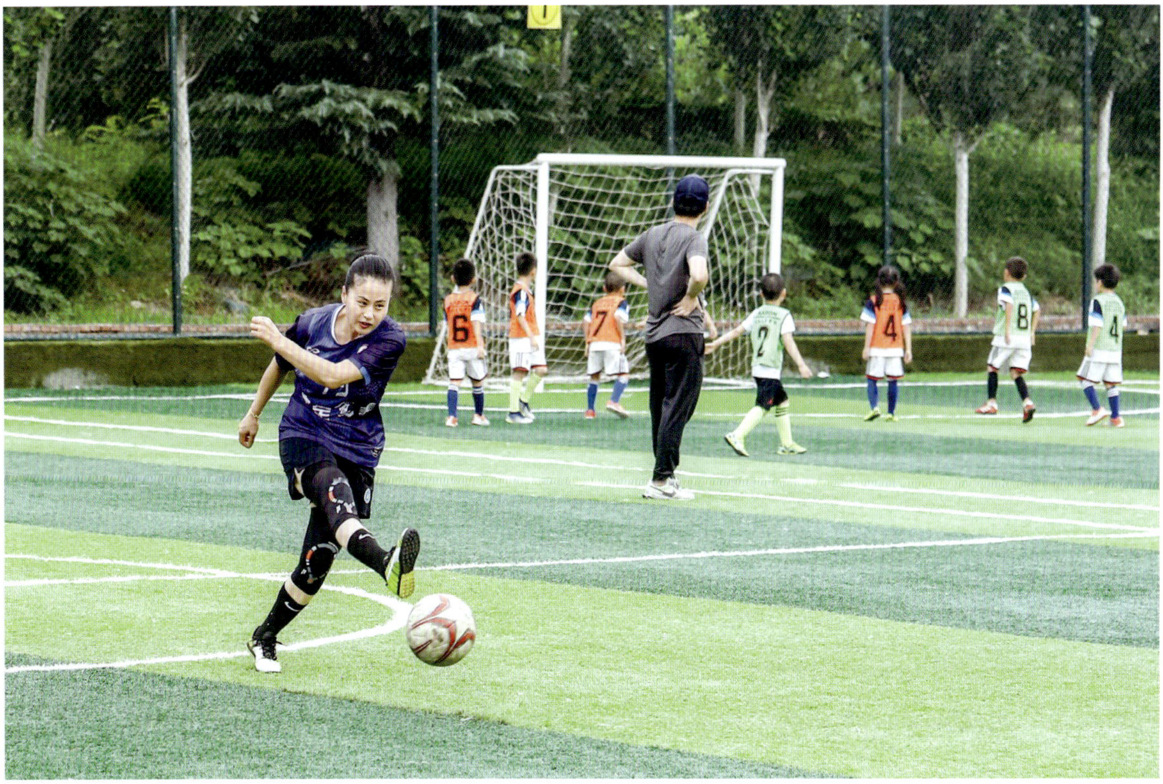

女足·她世代

我的球衣穿搭公式

作　者/
队长 Vincy
爱好足球，来自"火星"的"神经"队长

生活方式

2022年，又是一个世界杯年。不同于以往发生在夏天，这一年的"故事"在冬天上演。但无论如何，球衣穿搭必须安排！

我平时很喜欢穿球衣出门，无论是去参加户外运动、朋友聚会，还是外出旅游，我都有过穿球衣"赴约"的时候。对我来说，把自己热爱的球队"穿"在身上本身就是一件很美好的事情，同时也是尽情展现个人喜好和个性的机会。

那么下面一起来看看我的球衣穿搭吧！

户外活动

徒步、爬山、露营……进行户外活动时，穿上球衣舒服透气，拍照又好看，可谓一举多得，在充满活力的户外场景打造明亮生动的运动造型。

球衣 + 紧身运动裤 + 棒球帽
2015—2016 赛季巴萨队主场球衣

一直走在时尚前沿的巴黎圣日耳曼队和Jordan品牌合作多年,除了联名球衣外,常规的球衣也拥有高时尚度。这件以白色为主色调的Oversize(超大码)客场球衣搭配渔夫帽,轻松驾驭简约户外风,清爽亮眼。

#Oversize 球衣 + 短裤 + 渔夫帽

2019—2020 赛季巴黎圣日耳曼队客场球衣

Oversize

生 活 方 式

#Oversize 球衣 + 骑行裤 + 空顶帽

运动潮流

日常逛街、聚会，
想要来点不一样的风格？
那就尝试一下骑行裤、空顶帽、
工装马甲这类时尚单品吧，
随意打造个性化的潮酷造型。

2019—2020 赛季巴萨队客场球衣

143

旅游打卡

每次外出旅游，我的行李箱里至少会有一件球衣，对我来说，在别的国家或者地区，留下穿着主队球衣的身影是一种仪式感，回过头去看旅游照的时候也会觉得很有意义。

#Oversize 球衣 + 短裤 + 棒球帽
2018—2019赛季巴萨队客场球衣

商务休闲

虽然夏天是穿球衣的好季节,但到了冬天,球衣也可以作为内搭来进行搭配。在不少球衣广告中,我们会看到球衣结合西装套装的造型,打造轻商务的休闲风格。

#球衣+西装套装+棒球帽
2020—2021赛季巴萨队客场球衣

后记

郑重文字中的女足存在

作者/
张斌

近一年，我喜欢上了播客，上下班和锻炼的时间，甚至是睡前，都会沉浸在声音营造的世界里。"翻滚坚果"这个名号，便是我从中听来的。

那是几个月前的一个下午，两个会议间的碎片时间，我在停车场里狂走不止，抓紧时间凑足当日的锻炼指标。开走前，自然要挑选一个称心的播客，因日常收听些体育内容，平台自然会不断地"空投"下更多的类似内容。美国女足追求收入平权的内容撞了进来，这是一个重要但艰涩的话题，我自己动手写过，知道其背后的深邃，写过一篇也就没敢再碰。

就选它吧，填补一下我关于这个话题的诸多盲点，一个标注着"翻滚坚果"的声音随即入心入耳了。

两个人对聊，内容很扎实、很受用，前因后果清清楚楚，关联到中国女足的现实存在也不牵强，力求摆出事实、讲明道理，决定节目水平高下的内心支点清晰可见。

打开节目列表，又追了些感兴趣的内容，想象着如果自己坐到话筒前，说类似的话题，不见得就能成为他们的对手，在自己专注的领域里，有人兴趣盎然地做着有趣的内容，我内心特别知足。后来我才知道，这档叫作《鹰眼时间》的播客节目是懒熊体育出品的。

懒熊体育创始人韩牧是我结识多年的好友，虽然我虚长他几岁，但总觉得他不仅仅是同行同业同道，甚至很像是与我共同迈入大学校门同居一室的老同学，大家天南地北，自此有了成长的交织。韩牧一向客气，在与之难得的交心对谈中，他稳稳地保持着低姿态，大家都在跌宕之中，反倒愈见其初心坚韧，努力做着令人

后记

羡慕的正确的事情。我自认属于古典体育新闻从业者，还会痴迷于最根本性的内容累积。韩牧比我进化得好，完全沉浸于现实和市场，萧条岁月里，持续产出内容产品，我内心钦佩，当然也有羡慕。

在微信里，韩牧曾告诉我要给女足做本书，邀我写点儿文字，我爽快应允，愿尽绵薄之力。书稿数万字，清清爽爽，"翻滚坚果"又一次扑面而来，原来那些过往的累积如今要以合集的形式面世了，同时还增加了很多的一线采访和报道，对春节以来又一轮的中国女足高光，也算是一种呼应。一个又一个生动的人物被努力塑造着，众多的细节都是首次披露。中国女足，一种别致的存在，不该仅仅是他人的映衬，她们本该有专属的篇章。

书中提到《足球之夜》前不久做的一部小片子——《每个人都是答案》，这是春节后我们心心念念要做的一件小事，与这本《女足·她世代》应该是抱有相同的心愿吧。

大约两年前，我们曾试图推出一个常态栏目——《一场比赛》，希望可以将某场比赛细致拆解，讲述独特的战斗故事。2019年女足世界杯中国队与意大利队之战被作为样板进行了一次探寻，让我们有机会转到比赛背后体悟一下姑娘们90分钟内的心潮起伏，众多细节是直播中难以捕捉到的，一场比赛的纵深感是有魅力的，那种赛后的挖掘让人着迷，又会存留下挥之难去的缺憾。

此番中国女足亚洲杯重夺冠，两场关键之战值得回溯，尤其是在错开情绪高峰后细细品味一下，还是有些收获的。胜利者都是幸运的，因为无论她们将过程讲述得栩栩如生或是平淡如水，结果已经说明了全部。受水庆霞指导所托，我们努力让这支队伍的更多人展现光彩，因此便有了这个标题，确实"每个人都是答案"，每个人也都该是答案。

我想《女足·她世代》也是要给出答案的，只有一一读过这些心血之作，才会无限接近那些答案。在一个充满多样性的时代里，任何一项运动都有自己独特的存在方式，绽放也好，暗香也罢，各自有命。按照我们古典体育新闻一派的观点，无论何种时代里，郑重写作与表达都理应堂堂正正，不能仅仅是情绪的高频复制和立场的绝对较量。持续深入现场，真诚呈现人心，总该是被倡导的。

近些年来，我每年都会写一篇专栏念叨一下英国威廉·希尔体育图书年度大奖的评选情况，获选图书往往与我们关联很弱，并不能让我们完全与之共情，但那三四十本入围的图书数量已经有些震撼了。如今的时代里，还有如此丰沛的体育郑重写作，那该是怎样的传统与底蕴。每年10月，美国都会出版《年度最佳体育写作》，十几年来，最初我会买纸质版，如今使用Kindle（一种电子阅读器）太方便了，上市当日即可下载获得电子版，不必再忍受邮路坎坷带来的内心煎熬。翻看《年度最佳体育写作》，最大触动便是那一篇篇特稿的出品机构，大报大刊才是主力，而不仅仅是所谓的体育专业报刊，体育的价值和地位融于日常，人们需要好故事。

在阅读《女足·她世代》的过程中，我发现自己床头柜上居然一直躺着那本《国家队》（The National Team），它被一轮轮搬来倒去的新书压在最下面。如果没有记错的话，应该是冬奥会期间女足夺得亚洲杯冠军后，我将它从书架上转运到床头的，当时我想在《国家队——那些改变足球运动的女性的幕后故事》中找寻一些报道中国女足姑娘的灵感，也给自己心中一直存留的问题继续找寻答案。没看几页，这本记述20世纪80年代到2019年美国女足从籍籍无名到世界之巅全过程的好书，又被其他有趣的书压在了最下面，中国女足这个命题在我潜意识里也缓缓地随之沉入深处了，哪怕她们还在不断地赢得足球场外的一项项特别荣耀。

《国家队》的作者凯特琳·穆雷是位资深记者，似乎是这一选题的理想著史人选。放下《女足·她世代》，我开始捧读《国家队》，挑自己熟悉的场景来读，亚特兰大奥运会和1999年世界杯我都有幸在现场采访，算是见识了"铿锵玫瑰"最璀璨的时刻。想当年在中美玫瑰碗决赛前，一众中国记者围坐在一起津津乐道的最佳新闻，是中国姑娘占据了世界杯最佳阵容的半数，那个场景如今回想居然格外清晰，宛如昨日。

读了《国家队》我才知道，美国女足与美国足协在这届杯赛前后早就掀起了寻求男女平权的狂潮，只是我们那时没有留意这一若隐若现的故事线。书中透露，当年美国女足姑娘为了逼迫美国足协正视不公平现状，甚至威胁如果不回复、不解决，那么头号球星米亚·哈姆将拒绝参加决赛阶段抽签仪式；如果再被整体忽视，那只有退役一条路。漫漫平权路，美国女足走了20多年。"翻滚坚果"再谈这个话题时，我可以帮忙补充些材料了。中国版的《国家队》何时能有呢？《女足·她世代》算是一次预演吧。

《女足·她世代》之于我不仅是一本《国家队》的阅读拓展，还让我惊喜于得知著名作家盖伊·特立斯曾在《作家的生活》一书中写过刘英，虽然只有55页，但是一个自称为体育作家的非虚构著名作家，能够在美国队夺冠几个月后飞到中国来采访那位射失点球的中国队13号球员，这已经足够与众不同。我专门下载了《作家的生活》，在盖伊细密的文字中找寻着他与众不同的关注所在，他是个棒球迷，更是一个关心多样角色的有心人，对体育场景中的人始终怀有兴趣。

日后有机会，我会努力多读几章《作家的生活》，因为我也想走得更远，去见那些我深感兴趣的人和故事，这是古典体育新闻一派的毕生所需，以郑重之心，写下所见所思。《女足·她世代》也给了我一份激励。

创作者名单
（按姓名首字母排序）

曹思颀　　　队长 Vincy　　付　茸　　GPoPuna
江蕙仪 Ena　mr51st　　　施骅伦　　孙　岳
王鸿宇　　　王一妃　　　张　斌　　张　楠

图书在版编目（CIP）数据

女足·她世代 / 懒熊体育编. —北京：北京时代华文书局，2022.9
ISBN 978-7-5699-3999-6

Ⅰ. ①女… Ⅱ. ①懒… Ⅲ. ①女子项目—足球运动—教练员—访问记—中国—现代 ②女子项目—足球运动—运动员—访问记—中国—现代 Ⅳ. ①K825.47

中国版本图书馆CIP数据核字（2022）第141417号

拼音书名 | Nüzu Ta Shidai

出 版 人 | 陈　涛
选题策划 | 董振伟　直笔体育
特约编辑 | 付　茸
责任编辑 | 马彰羚
责任校对 | 张彦翔
封面设计 | 孙　岳　赵芝英
责任印制 | 訾　敬

出版发行 | 北京时代华文书局　http://www.bjsdsj.com.cn
　　　　　北京市东城区安定门外大街138号皇城国际大厦A座8层
　　　　　邮编：100011　电话：010-64263661　64261528

印　　刷 | 小森印刷（北京）有限公司　010-80215073
　　　　　（如发现印装质量问题，请与印刷厂联系调换）

开　　本 | 787 mm×1092 mm　1/16　印　张 | 10　字　数 | 247千字
版　　次 | 2022年9月第1版　　　　　印　次 | 2022年9月第1次印刷
成品尺寸 | 185 mm×260 mm
定　　价 | 88.00元

本书图片由视觉中国及作者提供。

版权所有，侵权必究